inner labyrinth

自分という名の迷宮

インナーラビリンス

ナルタン
nartan（日家ふじ子）

ＯＳＨＯと出会い
わたしは自分という内なる
玉ネギの皮を剥《む》いた

それは予想もしなかった痛みと
甘美な喜びとを同時に伴う
不可思議な体験だった

インナーラビリンス

自分という名の迷宮

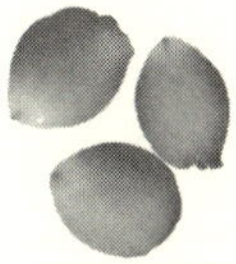

＊**ラビリンス**（迷路、迷宮）はラテン語の labor + intus（…のなかに入る）に由来して、陣痛、誕生、あるいは再生のなかに入っていく場を指し、人間の脳の襞《ひだ》を模したものと見做《みな》されている。

はじめに

我々の出発点は、人間は自分自身を知っていない、
人間は本来の自分ではない、ということだ。　　グルジェフ

この物語は、わたしがOSHOという稀代《きだい》の導師の門下に入ってからの十数年間に、主にアシュラムと呼ばれる彼のインドの修道場で体験したエピソードのいくつかを回想したものです。

おそらくわたしは、日本人としては最も近くで学び、直接指導を受けた弟子でしょう。

この師匠《マスター》は弟子に何かを強制することはまったくありませんでしたが、真摯に、無条件に求める者にはかならず応《こた》えてくれました。また師として、弟子の入っている内面空間とその情況を、途轍《とてつ》もない透視力で常に洞察していました。

本文のなかの「月をさす指」のくだりでも触れていますが、ＯＳＨＯは人が求めるもの、それが「愛」であれ「自由」であれ「無心」であれ「真の自己」であれ、それぞれが希求するものを受け入れ、そのための道を指し示してくれる「指」でした。

この「指」によって、わたしは混沌とした迷路のような自分の内側を、なんとか歩き始めることができました。この「指」、きわめて多様な側面をもつ指ですが、本人による多くの講話集もありますし、本書のような直弟子の具体的な回想録が、この世界的スケールをもつ稀有《けう》な精神指導者を知る上で、ひとつの手がかりになってくれるのではないかと思います。

わたしにとっては、ユーモラスで暖かい、しかし厳しい道先案内人、文字通りの導師でした。

ですからこの書は、彼の弟子であるなしに関わりなく、自己発見の旅をめざしている人、自分を変えたいと思っている人、あるいは人間の内面世界という摩訶不思議な神秘を探求したいと感じている人にぜひ読んでほしいのです。少しは参考にしてもらえるかもしれませんし、さらにその時間が楽しいものであるなら嬉しいです。


ＯＳＨＯは三回呼称が変わっています。大学教授時代すでに導師として活躍していたときには、アチャリヤ・ラジニーシであり、海外の求道者に門戸を開いてからは、バグワン・シュリ・ラジニーシ、そして現在の、ＯＳＨＯです。わたしが弟子入りしたのは一回目のプネー時代、バグワン・シュリ・ラジニーシの時代でしたが、本書のなかでは現在の呼称であるＯＳＨＯを使います。

その教えにわたしが初めて接したのは、アメリカ東海岸のある大学のカフェテリアでした。たまたま前に座ったカップルが、彼の弟子だったことからすべてが始まります。

二人は暖色のゆったりした長衣を着て、白檀らしい焦げ茶色のビーズの付いたペンダントをしていました。そのペンダントの先には禿頭で長い白髭の、白人ではない男性の顔写真。どちらともなく話しかけ、わたしたちは五分後には友人同士のように会話をしていたのですが、別れ際、二人のうち女性の方から「これ読んでみる?」と渡されたのは、なにか古いコピーのまたコピーのような紙切れでした。「このペンダントの人のレクチャーよ」

そして、この紙切れで、わたしの人生は変わりました。

当時のわたしは、自分で無援トンネルと名づけた精神的な暗闇のなかで、自分て何だ、生きるって何だと悶々《もんもん》し、文字どおり暗中模索していました。

日常感じる怒りは出口が見つからず抑えこみ、傷つくことを怖れて生来の奔放な性向や自分らしさにはブレーキをかけ、一見穏やかだが内側は反抗期の火山のように熱く不安定、それがわたしの無援トンネルでした。

本の虫でしたから、手当たり次第に哲学書や思想書を漁《あさ》って読んでいましたが、それで頭では何か理解したつもりでも、暗闇に明かりがともされるわけではありません。そんな時期、何気なくもらったレクチャーとやらのコピーの紙切れ……

タイトルは「生と死の神秘」とありました。

それは生《なま》の、わたしにはまったく未知の次元を指し示していました。シンプルで明快な英語で次々と顕《あら》わされていく生命と死の深淵は、本の虫の頭でっかちが詰めこんだ知識のなかにはない世界でした。それは宗教でも思想でも哲学でもなく、人間存在をトータルに捉えてその内側のさまざまな次元を照らし示す道標、指標でした。これは新鮮な衝撃で、今までに読んだどんなものとも違っていました。質的に何かが違っていたのです。

その夜、わたしは奇妙な感動でしばらく身動きできなかったのを憶えています。

自分が迷いこんでいたトンネルの出口が微《かす》かに見えた気がしていました。この人に会ってみたい。この人がもしかしたら人生の突破口になるかもしれない。会いにいこうか……　そう思い始めている自分が不思議でした。

このレクチャーの話し手、あのペンダントの写真の主の名前はバグワン・シュリ・ラジニーシ、ＯＳＨＯでした。

この時から、わたしの旅は始まったのです。

目次

第一章

出口への旅

真珠を求めるなら、人は海の底深くもぐらなければならない。砂浜近くの浅瀬に入って、海に真珠はないと言ったとて何になろう。

サティヤ・サイババ

プーナ? or プネー?

初めてのインドは、匂いで始まった。

成田を出るときから遅れていたエジプト航空のカイロ行きが、五時間遅れでムンバイに着いたのは朝の三時すぎ、夜明け前の空港は建物までもが眠たそうで薄暗かった。十数人の色とりどりの皮膚をした人たちと一緒にタラップを降りながら、寝不足と疲れで敏感になったわたしの鼻を未知の異様な匂いが襲った。刺激的なスパイスの匂いと汚物の臭気、それにところどころ微《かす》かな甘い花の薫《かお》りが混ざった強烈な匂いだった。

「ほんとにあんたが飲むためかね」

インド人はすいすい通りすぎたのに、白人男性とわたしが税関に引っ掛かってしまった。わたしのほうの原因はぶざまに大きいダルマの大ビン、つまり日本製ウィスキーの丸い大ビン二本だ。そのビンを前にして、口髭の若い役人が胡散臭《うさんくさ》げにこう訊ねたのだ。が、わたしが自分用だと強く言いつづけるとしばらくしてどうにか通過させてくれた。ほっとした。

その頃のわたしは、アルコールなしで夜を過ごすことができなかった。

それから一時間後、わたしは、女性バックパッカー二人とスラヴ系中年男性、それにインド人男性と一緒におんぼろのミニバスに乗ってムンバイの中心街に向かっていた。

ミニバスは派手に騒音を立てながら、まだ目醒めていない暗い市街地に入っていく。

身体はぐったりして鈍重《どんじゅう》だが眼は冴えていて、わたしは建物のあいだを見え隠れする東の空の縁が、赤みを帯びた白灰色に変わって明るくなっていくのを見つめていた。まもなく赤銅色や白色の壁や看板が見分けられるくらい明るくなり、さまざまな色と柄の汚れた布を被《かぶ》って路上で寝ている人たちの姿も見えてきた。空気は湿っていて冷たく、空港と同じ匂いに加えて、鼻の奥につんとくる匂いが混ざっている。

不思議なことに、感覚に触れてくるそれらすべてが、初めてのはずなのにまったく初めての感じではなく、それどころか、なぜか懐かしいような、久しぶりに故郷に帰ったような奇妙な帰巣《きそう》感覚があった。それは自分でも驚くほど強い明確なデジャヴ*だった。

ビクトリア・ターミナス駅で下りたのはわたし一人、さすがに緊張している。

駅の構内は早朝なのにものすごい数の人で、耳を覆いたくなる騒音と異臭にごった返していた。その大混乱のなかをうろうろと切符売場を探しているうちに、わたしはたちまち二十人近い男たちに囲まれた。囲まれたといってもわたしとの間に最低二、三メートルの距離は保たれ、好奇心に満ちた黒い大きなまばたきしない眼が何十と、わたしの全身を食い入るように凝視している。

その頃一人旅の東洋女は珍しかったのだろう。そのうち男たちのあいだをかいくぐって「バクシーシ（ご喜捨《きしゃ》を）、バクシーシ」と汚れた手を出すベッガー（乞食）の女たちもやって来た。怖いというより困惑し苛立ってきたわたしは、「誰か英語、わかる人いますか？」と大声を出して周りを見まわした。

群れのなかから、上質の真っ白いシャツを着た腹の出た中年男が出てきて男たちを手で追いやり、癖のある英語を話しながら切符売場へ連れていってくれた。ようやく切符を手に、寄ってきた赤ターバン赤シャツ姿のポーターたちの一人に声をかけた。

「プーナで止まる準急よ」

「プネー、プネー、イエス、イエス」

「プーナ、プーナよ、プネーじゃないの」

「イエス、イエス、プーナ　イズ　プネー」

ポーターは、インド人独特の首を横にふって肯定する仕草で禅問答のようなことを言い、わたしのスーツケースを頭に乗せさっさと歩きだす。そして慣れた足取りで、人と騒音であふれるプラットフォームを目指し、気をきかして女性専用車に席を取ってくれた。

それからの六時間あまり、わたしはささくれた固い木のベンチの座席に座って今度は、老若の女たちの無数の好奇の眼にさらされることになった。しかし彼女たちの眼には、わたしを警戒させるような攻撃的色合いはなく、わたしはすぐ見つめられるのに慣れた。


わたしが目指していたのはプネーという古都で(プーナは英語読み、当時はこの呼び方が主流だったが、次第にヒンディー語読みのプネーになっていく)、デカン高原の西を走るガート山脈の真ん中あたり、ムンバイから約二百キロ東南に入った標高六百メートルの台地にある。

デカンクイーンという特急なら三時間ちょっとの距離なのだが、切符売場ではそんな特急があるとは知らせてくれず、わたしは英語を話せない庶民階級の女たちと、冷房なしのローカル線の準急二等車に乗っていた。二等車といっても、座席も通路も人と物と子供の泣き声とでごった返し、長旅で疲れている身には堪《こた》える混乱と騒音と臭いだった。

市街地を離れると、しばらく泥色をした川がくねってつづき、そのあとは黄土《おうど》色の台地と茶色い山々が、時折の緑と交互に、あるいはいっしょに現われてはまた消えていく。

空港を出たときには寒いくらいだったのが、陽が高くなるにつれ蒸し暑くなり、喉は渇くし空腹だし、だが途中の駅の物売りのおいしそうな食べ物も飲み物も、文明にスポイルされて多彩な黴菌《ばいきん》群への抗体を失っている身には、悔しいが簡単に口にはできない。

女たちの多くは旅慣れているのか習慣なのか、ムンバイを出て一時間ほど経つとそれぞれ大きな包みを開いて食事を始めた。定番は、円筒形の飯盒《はんごう》のようなアルミの器に入れた、匂いの強いどろどろしたものに数枚のチャパティ*。

女の一人がわたしの眼を捉え、ジェスチャーと土地の言葉でしきりに何か言っている。おまえには食べる物はないのかと訊いているようだ。わたしは「ノー」と言って首を横に振った。女たちはそれを見ると嬉しそうにクスクス笑い、わたしもインド到着以来初めて緊張が解けて、笑い顔になった。

その後の数時間、ホコリっぽい熱気と絶え間ない振動と、これも絶え間ない女たちのお喋りとカレーの匂いのなか、疲労困憊していたわたしはずっとウトウトしていた。

ようやくプネー駅に着いた。

ムンバイの駅ほどではないがここの騒動も相当のもの、かなり大きなターミナル駅のようだ。赤ターバンたちが競って車内に入ってきたのでその一人にスーツケースを降ろしてもらい、駅の近くだと聞いていたから「グルモアホテル知ってる?」と訊くと、例の首ふりとともに「イエスイエス」が返ってきた。そしてポーター特有の跳ねるような走り歩きでわたしの前を行く。陸橋を渡り改札を抜けて駅前に出た瞬間、目の前には本物のインドの町が広がっていた。

もわっとした熱気と例の強烈な臭いは同じだが、黄ばんだ衿《えり》なしの裾《すそ》広シャツ（クルタ）にズボン、あるいはこれも色の褪《さ》めた、たくし上げた腰布（ドゥティ）をまとった男たちが、ただ歩いたり、身振り手振りで大声で話しをしていたり、自転車に乗ったり、荷を満載した牛車やリヤカーを引いていたり、人混みのほとんどを占めている。その中に少し混ざったカラフルなサリー姿の女たちは、頭に荷物を載せて歩いている人が多い。

広い駅前通りを行き交っているのは人間たちだけではなかった。痩せこけた聖なる牛たちが好き勝手な場所をうろついているし、メーメーと喧《やかま》しく啼《な》きながら飼い主に追われて行く山羊の群れ、そしてその間をけたたましくクラクションを鳴らして駆け抜けていくのは、腰までの黒い車体に黄色の線が入った幌《ほろ》付き三輪スクーター（これがタクシー代わりで有名なリクシャー）だ。それらの向こう側に小さな商店が並んでいるが、人だかりの多いのはレストランらしい。さっきからグーグー鳴っているわたしの胃が、もう十時間以上何も口にしていないことをあらためて告げている。

なんのことはない、グルモアホテルは駅のすぐ斜め前にあった。

大振りの濃いピンクの花をこんもり付けたブーゲンビリアが、黒ずんだ石塀からあふれ出ている。その塀の左端にある門を一歩なかに入ると、外の騒音が急に遠くなった。

このホテルは外国人が多く泊まる高級ホテルではなく、インド商人が利用する小綺麗な中級の中くらいの宿だそうで、エアコンが付いていないから値段は安い。滞在が長期になる可能性もあると思っていたわたしには手頃だ。

それから数か月、このホテルの旧館二階の二〇五号室、石造りの小さなシャワー付きのシングルルームが、わたしの住みかに、そして世にも不可議な体験をしていく拠点になるのである。

アシュラム

翌日、食事と睡眠と、壁にぺったりくっついた巨大ヤモリにびくびくしながら浴びたシャワーとでようやく人心地ついたわたしは、長旅の本来の目的である、アシュラムと呼ばれるＯＳＨＯの修道場に向かった。


ここでＯＳＨＯの簡単なプロファイルを書いておこう。

ＯＳＨＯの本名はラジニーシ・チャンドラ・モハン。一九三一年十二月、中央インドのマディヤ・プラデシュ州の寒村クチワダで敬虔《けいけん》なジャイナ教徒の第一子として生まれ、一九九〇年一月プネーで逝去。

すでに子供時代から、権威や通念に反逆して議論をふっかけ歩いた異色のガキ大将だったらしいが、幼少より種々の瞑想をしたという以外には、聖者と呼ばれる人につきものの神秘的な逸話や伝説は特にない。「光明」を得た、つまり大悟解脱《たいごげだつ》したのはジャバルプール大学哲学科に在学中の二十一才のときと言われる。以後五八年まで大学で哲学教授として教鞭をとるが、その間にもインド国内を広く旅して、既存の組織宗教や因習を強烈に批判しながら自身の教えも語りはじめた。アチャリヤ（教える者）ラジニーシの時期である。

大学を辞めたあと、各地で講演しながら瞑想を指導していたが、一九七〇年ムンバイで初めて弟子を受け入れる。その頃欧米でも彼の講話録が出版されるようになり、西洋人の入門者が増えていった。その頃から、バグワン・シュリ・ラジニーシと称するようになったが（バグワンとは天与の祝福を得た者、神格者。シュリは尊称）、インド国内では信奉者はバグワン・シュリと呼ぶが、普通の人はラジニーシとだけ呼び尊称はつけない。弟子はインド人西洋人を問わず、バグワンと呼んでいた。但し、他界する数年前ＯＳＨＯラジニーシと称するようになり、最後にはただＯＳＨＯあるいは和尚と名乗っていた。

プネーに移ってアシュラムを建てた頃には、世界各国から精神分析の医師やサイコセラピスト*が彼を訪れるようになった。彼らを魅きつけたのは、ＯＳＨＯが導入した現代人のための数々の新しい瞑想法とサイコセラピー*の採用だった。

現代の人間が、環境のまったくちがった古代の瞑想法だけで内的成長を得ようとしても不可能だとＯＳＨＯは言う。文明のもたらした精神的混沌に対処することなしに、ただ煩悩を捨て無心になろうとしたところで、別な抑圧を生むだけだともいう。

わたしはその合理性に魅かれた。それと同時にOSHOが、自分は宗教的ではあるが宗教の創始者ではないと言っている点にも共感した。ふつう使われている狭義の宗教という言葉には、常に胡散臭《うさんくさ》さがつきまとうからだ。だが彼の言う「宗教的」とは信仰を土台としない内面的探求、精神世界の求道であり、個の次元でしか可能でないから組織宗教はまったくの圏外におかれる。

だが当時のわたしは、瞑想やサイコセラピーや精神世界には関心がなく、そっちの分野の知識は皆無だった。ではわたしはOSHOに何を見たのか。

いちばん魅きつけられたのは、彼が人間存在のあらゆる在り方を受容し、道を指し示し、それをまた人に自由に選択させていたことだ。

わたしが真に求めているもの、それが具体的にはいったい何であるか自分でもはっきり解らないが、とにかく、わたしはここで何かを掴みたかった。


ホテルの前に何台かのリクシャーがたむろしている。わたしはそのなかの一台に恐る恐る乗りこんで、「アシュラム」と頼んだ。期待どおり、黒髪、黒口髭《くちひげ》の男の頭が∞の形を描いて振られ、「イエスイエス、アシュラム」と繰り返す。

リクシャーにはキャンバス地の幌《ほろ》は掛かっているがドアはなく、後部は二人掛けのシートだけ。それが雑な舗装の道でやけにスピードを出すものだから、わたしのからだはホコリっぽいシートの上で飛び跳ねた。仕方なく、その派手な揺れを、幌からぶら下がっている手垢で油じみた手摺《てす》りに掴まってなんとかしのぎ、つぎつぎと現われては遠ざかる特大の絵はがきのようなカラフルな風景に眼をこらすも、時差ボケで現実感はあまりない。すっくと立つ菩提樹や、無数の気根《きこん》を枝から垂らしたガジュマルの巨木の並木、その下の屋台の物売り、路傍に咲き乱れる原色の花々、サリー姿の女たちや牛、口髭を生やした男たち、ホコリ、臭いと匂い。

十分ほど行くと、緑の深々とした超高級住宅街に入った。

中心に宮殿のような邸宅の建つそれぞれの敷地は広大で低い塀に囲まれ、木々が林のように繁っている。名前どおり炎のような深紅の花が燃え立って咲き群れている火炎樹《かえんじゅ》や、無数の紫色の花房をたわわにつけたジャカランダの大樹が何本も見える。

アシュラムはその一画にあった。

だが周囲の豪邸とはちがい門が見えない。というより、本来の門は資材と淹木で閉じられていて、仮の出入口が敷地の角っこにあった。リクシャーの運転手は心得たもので、ちゃんとその仮門の前で止まった。

門を入ろうとするとき、新顔だと気づいたのだろう、褐色の裸の上半身にペンダントを下げ、オレンジ色のルンギ（短い腰巻き）をまとったハンサムなインド人のガードに呼び止められた。

「日本人です。今着いたばかり。入ってもいいですか？」

男はにこりともせず、しかし親切な口調で、瞑想の時間と場所、それにアシュラム内のオフィスの場所を教えてくれた。わたしは「ありがとう」と言って数歩門のなかに入った、が、何か気になって振り返った。ガードの男はすでに道のほうを向いていたが、その横顔をもう一度見てわたしはなぜ自分が振り向いたのか分かった。彼には口髭がなかったのだ。ムンバイ空港に降りて以来、眼にしたインド人の男性は少年以外みんな口髭をたくわえていたから、鼻下《びか》に何もないのが違和感を覚えさせたらしい。

アシュラムのなかは静かだったが、時に陽気な話し声と笑い声が響き、あふれんばかりの緑の中であちこちに建材も氾濫《はんらん》していた。わたしのように普通の衣服の者もいるが、その他の人たちには、着衣の色調と首からはペンダントという共通項がある。白人が多い。OSHOの顔写真が入っているペンダントはマーラと呼ばれ、弟子になるとこれを下げ、形は自由だが色は明るい暖色系の衣服を着ることを求められる（両方とものちに廃止された）。

仮門のすぐ左、通路にそって大きな屋根だけのテントが立っていた。椅子を置けば百席くらい入りそうな大きさだが、実際には何もなく、通路側に旧式なオーディオセットがある他はホコリっぽい地面が見えている。数人の男女が、それぞれ、畳一畳ほどのゴザを敷いた上に所在なげに座っていた。

このテントが瞑想場だった。

たしかにゴザでも敷かなければ、裸足になって瞑想などできない。どうやらわたしのインドでの最初の買物はゴザになるようだ。

オフィスは、前の住人の屋敷を簡単に改造したもので、中央の石段を上がった右側にあり、OSHOの個人秘書ラクシュミと彼女のアシスタントたちの仕事場で、アシュラム運営の中枢だった。その日のわたしはオフィスを訪ねる理由はなかったので素通りし、敷地の奥に入っていった。通路の突き当たりに、こんもり繁った深い緑がひっそりと空高く広がり、甲高《かんだか》い鳥の鳴き声がしていた。OSHOの住居だ。

その住居は当時から老子館《ラオツハウス》と呼ばれていた。両開きの細い鉄格子の門の脇に、ハイビスカスの花と葉に覆われた小屋があり、陽気な顔の髭面の白人の若者がガードに立っている。

遂に来たとか、ようやくここまで来たなどという感慨はなく、わたしは立ち止まって、なんて鮮やかな深緑、なんて大きな花なんだろうとハイビスカスに気をとられていた。

わたしの名はダンス

ここでの時間は、日本やアメリカでの時間とは別物であるかのように、のんびり経《た》っていく。午後四時頃、ようやくわたしのその日の目的を叶《かな》えてくれる人物が現われ、オフィス前の滝木のなかの石のベンチに腰を下ろした。富豪のギリシャ人女性で古参《こさん》弟子、ムクタだ。わたしはムクタの顔を知らなかったが、現われる時間とベンチの場所を聞いていたから、古代ギリシャ彫刻のような顔立ちをした半白の髪の小柄な女性が、老子館《ラオツハウス》からゆっくりした足取りで出てくるのを見てすぐムクタだと分かった。

彼女の周りには、たちまちわたしも含めて四、五人の人が集まった。彼女の手には小さな綺麗な手帳がある。集まった人たちをにこやかに見回したムクタは、わたしを見ると、

「あなた日本人？　英語できる？」

「ええ、できますが」

「それは良かった。二日ほど前から日本人のカップルがきているんだけど、言葉があまりできないようだから通訳してもらえるわね。あなたの名前は？」

「フジコです」

ムクタは明日の日付のところにフジコと書き入れた。周りの人から羨《うらや》ましそうなため息がもれた。

老子館の玄関テラスで、毎夜七、八人の人が直接ＯＳＨＯと会って話をする機会が設けられていた。それはダルシャンと呼ばれ、ムクタはそのアポイントメントを取り仕切る係なのだ。ダルシャンでは、その場で希望すれば入門して弟子になることもできた。弟子になると新しい名前と例のペンダントをもらい、そのときからサニヤシンと呼ばれる。

サニヤシンとは、古くは世捨て人、世間を棄てた出家者を指すが、ＯＳＨＯのサニヤシンは正式

にはネオサニヤシンと呼ばれ、家族も世間も棄ててはならないとされる。かたちの上で俗世を棄てたとしても、心のなかに世間的なものを持ち歩いたら、そんな出家は欺瞞でしかない。それより、「世間のど真ん中に居つづけながら、自分の内側の世間を超えなさい。社会の一員として活躍しながら、それでなお、泥沼に咲くスイレンの華の如く、俗世の泥が身につかないよう自己修練しなさい」とOSHOは言う。

出家だ世捨てだという生き方には関心がなかったし、「とにかくかたちをととのえる」ことを大切にする文化のなかで生まれ育ち、それに辟易《へきえき》していたわたしにとって、これは魅力的だった。

次の日わたしは、洗いたての衣服に着替えて夕方六時、老子館のゲートの前に立った。

ゲート前に集まった人たちは半数が弟子たちで、全部で八人ほど。そのなかに、黒髪を肩まで垂らした小柄な若い東洋人女性がガード小屋近くに立っていた。彼女もこちらを見ている。ゴザを買いに行ったとき見かけた、同じ東洋系の男性といっしょに下町の目抜き通りで買い物をしていた女性だった。そのときには、ムクタの言っていた日本人カップルってこの人たちかなと思っていた。

わたしたちの眼が合った。

また強烈なデジャヴが起こった。顔を見ているうちに、わたしはすでに彼女を長い間知っている感じになっていた。その女性は人なつこい笑顔で近寄ってくると、

「通訳してもらえるって聞いたんですけど。わたし、カズエっていいます」

わたしも自己紹介し、彼女のダルシャンは昨日ではなかったかと訊ねた。

「シャンプーの匂いが残っていて門ではねられて、今日になった」と彼女は答えた。

OSHOは強度の匂いアレルギーだ。だから髪や衣服にタバコや香料などの匂いがついていると、アポイントメントがあっても会わせてもらえない。ゲートには彼のボディガードをしている赤毛のスコットランド人シバがいて、門内に入る者をいちいちクンクンと嗅ぐのである。カズエはどうやら昨夜そのシバにノーと言われたらしい。少女のような風貌と甘ったるい声の甘えた感じの話し方が印象的だった。

一人ひとり名前が呼ばれ、赤毛氏にクンクンされ、カズエも今日は無事パスして、わたしたちは濃い暗い緑の下の砂利道を奥へと導かれた。

すぐに明るく照らされた玄関の大理石テラスが見えてきた。壁寄りに椅子が一つ置かれてあり、その脇の床にムクタが座っている。わたしたちは椅子を囲むようにごたごたと座った。正座の者もいるしあぐらをかいている者、立てた膝を抱く者もいる。誰も口はきかない。カズエとわたしは並んで座った。

虫の声と蛙の声、そしてときおり木立を撫《な》でるように渡っていく風の音だけがする。ゆったりとした静寂があった。

突然、ほわっとした感じで空気がかすかに動き、戸口から、大きな笑みをたたえたOSHOがテラスに現われた。頭のテッペンは見事に禿げあがっているが、脇からは真っ白な髪が、そして同じように真っ白な髭が長く垂れ、胸元に軽く合掌した両手がある。着ているローブも真っ白だった。裸足の足にサンダルを履いている。

わたしたちも合掌した。ＯＳＨＯの背後には、サーモンピンクのスカーフを頭に巻き、紙挟みを抱えた小柄なインド女性がひっそりと従っている。秘書のラクシュミだろう。彼女は、ＯＳＨＯが合掌を解いて椅子にかけると、ムクタの反対側の床に正座した。

ダルシャンは、サニヤスの授受から始まった。つまり、ＯＳＨＯの弟子として、ＯＳＨＯからペンダントと新しい名前をもらう簡単なイニシエーションだ。わたしの決心はすでについてはいた。

アメリカ人の男性がまずムクタに呼ばれ、前に出た。ラクシュミが素早く紙挟みをＯＳＨＯの左手に渡した。男を一瞬じっと視つめたＯＳＨＯは一、二行何か書き、ペンを膝に置くと右手をムクタのほうに出した。ムクタがペンダントを一つその手に乗せる。ＯＳＨＯは両手で男の首にそっとペンダントをかけ、また笑顔になって書いた紙を与えながら名前の意味を告げ、「何か言いたいことはあるかね？」と訊ねた。

男は感極まっているらしく、小声で「ありません」と答えると首をふりながら元の席に戻っていった。二人めに呼ばれたのはカズエだった。いっしょに前に出て通訳してくれとムクタはわたしも呼んだ。

わたしは先程から、ＯＳＨＯの表情の豊かさに見とれていた。笑顔になるときには顔全体が、いや身体全体が笑みになる。名前を決めるためじっと視《み》つめるときには、真剣そのもので集中力の権化のような感じになる。ところがそのつぎつぎと変わる表情の背後には、ユーモラスでさえある軽快感がＢＧＭのように途切れず流れている。不思議な人だ、とわたしはその顔から眼を離せないでいた。

カズエはＯＳＨＯの正面に座り、わたしはその横、ムクタの膝すれすれのところに座った。ＯＳＨＯは、大きな眼をますます大きく丸くして、とろけるような笑顔でカズエを迎えた。

一分後、マ・プレム・ギータが誕生した。プレムは愛、ギータは歌という意味だとＯＳＨＯは告げ、わたしはその通り通訳した。ギータになったカズエは嬉しそうに笑い、同時に涙ぐんで何度も頷《うなず》いた。

弟子の名前には、女性には「マ」が、男性には「スワミ」が付く。マは母の尊称、スワミは聖なる戦いの勇士の意だ。

ギータが退き、わたしの番になった。

胸の鼓動が強くなる。ＯＳＨＯの前に座り直し見上げると、先程ギータに見せた笑顔はどこへやら、わたしには恐いような一瞥《いちべつ》を投げ、すぐ紙に名前を書きはじめた。その射るような眼光の強烈さに一瞬身がすくみ、わたしはからだを硬くした。首を出してペンダントをかけてもらい、その瞬間わたしは、マ・アナンド・ナルタンになった……のだが、涙も出てこないし、特別に深い感動、感慨もない。何か感じなくっちゃいけないのにと頭がおろおろ焦っている間にも、ＯＳＨＯは身を乗り出し、アナンドは至福、ナルタンとはダンスと名前の意味を告げ、紙を渡してくれながら、

「何か言いたいことはないかね?」と訊いた。

突然わたしは、自分でも驚いたことにこう口走っていた。

「わたしはこれまで、何かになりたいと思ったことはありません。今でもそうです」

わたしは唐突に口をつぐんだ。ＯＳＨＯは相変わらず厳しい顔つきでわたしを見ていたが、軽くうなずき、

「瞑想に身を打ち込むがいい。そして、一週間後にまた来なさい」

と言った。ムクタが早速、例の手帳に何か書きこんでいる。わたしは「はい」と答え、礼をして元の席に戻った。

そのあとは、訪問者や弟子たちとの質疑応答がつづいた。しかしわたしの頭のなかではいくつもの「なぜ」がぐるぐる回っていて、話しはろくに聞いていなかった。

ダンスだって？　それよりなぜわたしには笑顔を見せなかったのか。そしてまた、なぜにわたしはあんなことを突然言ったのか？

感じる予定だった安堵感がないのが不思議だった。飛行機のなかで想像した、「ようやく辿《たど》りついた」と感じるにちがいないという予想は完全に外れた。あるのは突っぱねられた感じだけ、しがみつこうとしたら達磨大師のような眼で睨《にら》みつけられ、無言で甘えるなと言われた、そんなあと味だけだった。

その夜、洗面所のコップでダルマをすすりながら、脳裏から消えてくれないあの底無し沼のよう

な眼を思い起していた。

長いこと手探りで不器用に模索してきた「これこそ自分の生！」と感じられる生き方が、今度こそ掴《つか》まえられるんじゃないか。なんとなく、自分が丸ごと受容されそうな生の位相が、ＯＳＨＯのなかに、彼の智恵と洞察のなかに見えるような気がしていた。トンネルの出口が見えた気さえしていたのだ。

それにしても、笑顔をもらえなかったこと、自分があんなことを言ってしまったことが気になった。確かにわたしには、「何をして」生きるかより「どう」生きるかのほうが大切だ。しかし、なぜそれがあんなときあそこで噴出したんだろう。

しかしダルマの効果のせいか、結局は、「ま、いいや、考えたってどうなるもんじゃない」という得意の結論に落ち着いた。

過ぎた背後より、前方を見るほうが性に合っている。

かたちだけは弟子にしてもらったが、そのあとの選択は自由だ。

師となった人は何も強制せず、なんの拘束もしない。すべては当人しだい。適当にやったってどこからも文句は出ない代わり、全身全霊かけてやったって誉められるわけでもない。悔いの残らないよう十全にやってダメだったら、そのときにはそれでいいことにしよう。

生を発見しようとこんなに真剣になったのも、そして、目前の未知の可能性に対してこんなに自分を開いたのも、初めてのことだった。

なんの先入観も予備知識もなく、わたしは瞑想に飛びこんでいった。「瞑想に身を打ち込みなさい」というＯＳＨＯのひと言を唯一の指標にして。

それは、まさに自分の生を求めての賭けだった。

＊デジャヴ
実際は一度も体験したことがないのに、すでにどこかで体験したことのように感じることがある感覚。既視感(きしかん)。デジャヴュ（仏：déjà-vu：英語 already seen）「既に見た」の意味。

＊チャパティ
チャパティは、インド、パキスタン、バングラデシュ、アフガニスタンにおけるパンのひとつ。ロティの一種。

＊サイコセラピー／サイコセラピスト
精神分析的手法などによる精神心理療法。個人になされるものとグループに対してなされるものとがある。かならずしも病状のある人が対象ではなく、自己発見、自己改革など、意識や精神性を高めるためにも用いられる。

サイコセラピストはその療法を指導する人。

第二章

何かが始まった

『この天地のあいだには、いわゆる哲学の思いも及ばぬ大事があるのさ』
シェイクスピア「ハムレット」より

ダルマはもう要らない

ＯＳＨＯ門下に入った翌日、インド生活のイニシエーションともいえる下痢と高熱に悩まされながらも、ようやくわたしは安堵感を感じはじめていた。その安堵感は、仕事にも日常の些事やしがらみにも煩わされることのない、旅人にのみ容《ゆる》された心理的身軽さに裏打ちされていた。

そしてまもなく身体も回復して時差ボケも消え、風土に慣れてきたわたしは全力投入で瞑想に没頭していった。

ここのアシュラムの集中瞑想は禅の接心《せっしん》＊のようなものだが、期間中の毎月十一日から二十日までの十日間は、瞑想が朝六時から講話などをはさんで夜九時までつづく。この期間のわたしの日課は、朝五時に起床することから始まった。

グルモアホテルは駅前だから、半郊外の邸宅街コレガオンパークにあるアシュラムまで、かなりの早足で歩いても四十分はかかる。五時に起き、十分ほどで身仕度をし、ゴザを抱え、薄暗い灯りの下、自分の足音だけが響くホテルの階段を降りていくと、いつも踊り場で寝ている初老のベルボーイが眠たそうに、それでも礼儀正しく「ナマステ」と合掌して挨拶してくれる。こちらもナマステしてそっと玄関ホールを出る。

外はまだ真っ暗だ。

デカン高原の晩冬の夜明けは、熱帯とはいえ吐く息が白く見える寒さだが、道を寝床にしている人たちを踏まないようにうまくかわして歩いていくうちにからだは暖まり、空の縁がゆっくりと赤く染まって夜が明けてくる。澄んだ空気はまだ頬や指には冷めたいが、夜明けとともに、道の両脇にのっそりとそびえるガジュマルの古木群が見えはじめ、数知れぬ気根を垂らした太い枝先の葉群れから、大小の鳥の鳴き声がにぎやかに聞こえてくる。

六時からの瞑想は、というより瞑想法は、ダイナミック・メディテーションと呼ばれ、OSHOはこの手法を編み出したことでも有名になった。この瞑想法の第二ステージでは、目隠しをして、思う存分怒鳴り、怒り、がなりたて、笑い、泣き、出てくるままに大声で発散して、溜めていたゴミや毒の掃除をする。

「現代人がほんとうの瞑想に入れるようになるには、まずこういう浄化作用が必要だ」とOSHOは言う。

このあとは八時から老子館《ラオツハウス》の裏にあるチャンツ（荘子）ホールでOSHOのレクチャー（正確には講話、つまりディスコースだが、レクチャーと呼ぶ人が多かった）がある。偶数月はヒンディー語で為されるから、わたしの行ったこの二月も集まるのはほとんどがインド人だった。しかし、わたしは意味の解らない言葉に二時間耳を傾けることの面白さを知って、毎日、ホールの片隅に座りこんだ。

朝日に光っていた木立の露が音もなく消えていき、壁のないホールの柱間から差す陽光が大理石の床を暖めはじめると、早朝の寒さはウソのように去って薄物一枚で心地よくなる。小鳥のさえずりがOSHOの流れるようなヒンディー語に重なってからだを撫でるなか、わたしはよく、立てた膝に頭をのせウトウトした。

OSHOは一年中毎日、一日の休みもなく、メモや草稿一切なしで約二時間講話をした。内容は、ウパニシャッドからヨーガ教典にジャイナ教、スーフィズム（イスラム教の一派）、ハシディズム（ユダヤ教の一派）、キリスト教や老荘思想、仏教の主要経典、そして禅と、多彩を超えて眼が眩《くら》んでしまうが、それぞれをディテールに踏みこんで説く。一つのテーマは一週間以上つづき、質問があれば誰でも紙に書いて出すことができた。講話で使う言葉はきわめて基本的で単純だ。こんなに多種の教えを自由自在に話すものだから、集まってくるのもいろいろな国からさまざまな人たちだ。各宗教の信者に無神論者、それから特別に神にも無神にも宗教にも関わらない知識人系、わたしもそっちの一人だった。

集中瞑想のあいだは、講話のあと一回、午後二回、夜一回と全部で日に五回ちがった瞑想ができるのだが、入門しても強制はいっさいない。瞑想にしても人によって好き嫌いがあるようで、一日に一つ二つしかしない人もいるし、講話にしか来ない人たちもいる。

ようするに個人の好き勝手にしていいわけで、ということは、ツーリスト気分で楽しんだっていいし、脇目もふらず口もきかずに瞑想に耽《ふけ》ったっていい。弟子と呼ばれるようになったからといって、それがイコール本物の帰依をしたことにはならないし、ＯＳＨＯはただ導師の眼ですべてを見ているだけだ。本人に真摯な希求心がないかぎり、そしてそれを礎《いしずえ》に努力しないかぎり、何を与えてもムダだと知り抜いているからか、拒むことはないが、自分からはほとんど働きかけない。

だが、彼はたしかに見ていた。

口もきかずに瞑想に耽っているとはいえ、わたしが悲壮な顔つきで死に物狂いで頑張っていたと思うのは的外れだ。

わたしは自分でも不思議なほど充実感を感じていた。幸福だったと言ってもいい。

理由はとくべつになく、強いて言えば、自分が心底欲しがっていたプレゼントをようやく自分に贈ったのだという満足感があったからかもしれない。ただ歩いているだけ、座っているだけで、これまで味わったことのない幸福感に充たされる。めったに口はきかないが、一日中、何にたいしても誰にたいしてもニコニコしている自分がいる。アルコールに解放感を与えてもらう必要はなくなり、ダブルサイズのウィスキーのビンは二本とも、ホコリをかぶったまま放っておかれた。

ダルシャンからちょうど六日め、わたしは夕方ムクタに会った。ムクタは覚えていて、

「ああ、ナルターノ、一週間経ったのね」

わたしは「ナルタンです」と訂正してから、翌日のダルシャンに入れてもらえるか訊いた。

「もちろん。ここにもう書いてある」ムクタは笑顔で応えた。

次の日の夜、わたしはふたたび胸をどきどきさせながらOSHOの前に座った。

「ハウ・アー・ユウ、ナルタン?」

「はい、バグワン、なんだか解《わか》りませんがとてもハッピーです」

白い眉が上がり、大きな眼がまたぐっと大きくなったかとおもうと、はじけるような笑顔になった。わたしの顔もゆるんでくる。

「ふむ、で、瞑想について何か質問は?」

「瞑想に関してはとくにありません。でも、ホテルの部屋に帰ってからも自然にからだが動いてくるんです。ほんとに名前どおり、ナルタンになってしまうんですが」

「ふむ、それはいい」

表情には笑いが残っているが、何か遠いものを視つめているような眼になった。

「動きだしたら、そのままレットゴーしてもいいんでしょうか?」

わたしは訊《き》いた。レットゴーというのは、手を放してしまう、コントロールを外してしまうという意味だ。ＯＳＨＯは、

「してかまわない。瞑想も今までどおりつづけなさい」

と言って幼な児のような笑みを投げ、右手でわたしの頭に軽く触れてうなずいた。

席に戻りながらわたしは、全身がふわふわ柔らかな布に包まれたような安心感を覚えていた。信頼感と言うべきかもしれない。それは誰から誰へといった方向性のある信頼ではなく、ただそこにふんわりと漂っている感じだった。このときわたしは初めて、師と弟子の関係の土台である暖かい信頼感の芽生えを経験したのだった。それは初めてであるがゆえに奇妙で、同時に忍び笑いしたいような気持ちのいいくすぐったさがあった。

動かしてないのに動きます

二月の集中瞑想が終わり、アシュラムでの瞑想は日に二回の通常スケジュールに戻った。

時間の余裕ができたわたしは、午後はプーナの街で買物をしたり、アシュラム近くの緑深い道を散策したり、相変わらず一人でいることが多かった。

そんな頃、ダルシャンは毎夜行けるものではないから夜の時間をもて余し、ホテルのベッドの上で何となく、脚を座禅風に組んで眼を閉じ、呼吸を意識して瞑想するようになった。知らずしてヴィパサナ坐法*という瞑想を始めたことになるが、この時期のわたしは、ヴィパサナという言葉すら知らない。

いい気持ちだった。長い時間座りつづけても、エネルギーの悠然《ゆうぜん》とした流れに乗って漂い、ずっとこのままでいたいような、この内面空間からは出てきたくない感じになる。

数日つづけると、座っているうちに上半身がひとりでに動き出すようになった。からだのコントロールを外すとまず腰から上が、重力の作用を受けている肉体とは思えない軽快さで動きだし、両腕がひとりでに上がって曲線を描きながらゆっくりと、何か一定のポーズを目指しているかのような動きになる。わたしの意志でそうなっているのではない。すべて意志とは関係なく自然に起こっている。

わたしはかなりびっくりした、が同時に面白いと思った。

これだけ瞑想を集中的に全身全霊こめてやったら、眠っていたエネルギーが呼び覚まされ、ふだんとは違う動きを引き起こすことだってあるだろうと、気前よくその現象を受け容れた。もともとこれは、次にからだがどんな形に動いていくか本人にはまったく分からない現象だから、お好きにどうぞと自我《エゴ》を投げ出すほかない。受け容れレットゴーすることで、わたしは知らないうちにその現象に協力していたことになり、現象が深まることを無意識に助けていた。

動きは毎夜、複雑になっていった。

ほとんどは、腕や指が、仏像によく見るムードラ、つまり印をむすんだ形になっていく。そして形が決まるとき一瞬ストップするだけで、一つの形から次の形へと、腕も指もゆるやかに踊るように流れながら動いていく。ムードラに深遠な意味があるとも考えず、学生時代に好きで京都や奈良を歩いて仏像をたくさん見たからだろう、こりゃ面白いや、からだはちゃんと細かく記憶して再現しているんだと、わたしは気軽に自己流の注釈をつけ、それも受け容れた。

そのうちに、形がわたしの記憶とは関係ないものになってきた。

まず、蓮華坐に組んでいた脚（これもわたしは蓮華坐とは知らずに自然に組むようになっていた）が、組んだ形のまま軽々と少しずつ動きだし、膝がだんだん上を向いて挙《あ》がっていく。このときの上半身にはいつもの印をむすぶ動きはなく、ただ両手がぴったりと、合掌の形をとっていた。

くりかえすが、膝は自分で挙げているのではないし、下半身全体に重量感もない。あまりの軽さに今にも浮き上がるのではないかとわたしは困惑した。挙げていようという意志などまったくないのに、組まれたまま脚も膝も背中とほぼ平行になるまでにつけ根から曲がっている。姿勢としてはかなりアンバランスで無理に見えるが、無理している感覚はないし、意外なことに倒れたり崩れたりすることもない。

当時は知らなかったが、この、重力はどこに行ったかのような現象、これもまた瞑想や修行のなかで初歩的に起こるもので、けっして異常でも超常的でもなく、数あるエネルギー現象の一つにすぎない。各宗派《スクール》とも様々な名前で呼んでいるが、けっして珍しいことでも神秘的なことでもない。ただ予備知識なく初めて起こるときには、動き自体に重力感がまるでないからちょっとびっくりするかもしれない。

しかし浮揚感は強烈だから、それを操作して空中浮揚に結びつけ、超能力と称して宗教商売する者が出てくるのもわかる気がした。

わたしに起こる動きはこの後も次々増え、ヨーガという言葉の意味すら定かでなかったのに、ヨーガのポーズのような形が起こり始めたときにはさすがに驚いた。

だがここでは、動きや形のディテールではなく、わたしがこれらの現象を素直に受け容れたということが意味を持っていたと思う。受容という心理的土壌こそ、次章の、怪奇な現象であった秘儀プラティ・プラサヴのための必要条件だったからだ。

そして師ＯＳＨＯは、新米弟子のわたしが抵抗なく入っているこの全開状態を、見逃しはしなかった。

旅行社の手違い族と菩提樹

ある日わたしは、講話のあと、アニュブッダというサニヤス名のアメリカ人青年に誘われてインペリアル・パークに行った。巨大な菩提樹が生い茂るプネーではかなり大きな公園かつ植物園だ。

アニュブッダは二十代なかば、細い顔に丸い黒縁のメガネをかけ、全体がひょろ長い印象を与える優しい若者で、化学者を目指す大学生だった。瞑想テントのなかでときどき隣りあったりしてなんとなくウマが合い、好みの場所が似ているんだね、と顔を合わせるたび笑いあって、いっしょに食堂に行ったりしていた。

リクシャーから降り、公園のうっそうとした緑に向かって歩き始めたとき、わたしは本能的に、これは大変なことになりそうだと感じた。何がどう大変なのかははっきりしないが、からだのなかに、目の前の巨木の森に対して説明のつかない、しかし抗《あらが》えない強い反応がある。わたしは不安になった。

すでにわたしたちは、人影まばらな公園の道を奥に進んでいた。木々のあいだの地面は手入れが行き届き、ところどころ小さな盛り土に垣が造られ、葉がミントに似たランタナやブーゲンビリアが赤や黄の花をびっしりつけ、ところ狭しと枝を延ばしている。

アニュブッダは、天を覆って高くのびた杉や菩提樹の、風が通るたびにくるくる軽やかに回転している葉群を見上げながら歩き、わたしのほうはからだを固くして、ひたすら前方に眼を向けて歩いていた。

鼻歌まじりに嬉々としてわたしの前を行くアニュブッダは、わたしが不意に、強力な磁石に引っ張られたかのようによろよろ斜め前へ進み出したのに気づかなかった。

わたしは自分が何に引っ張られているのか判らなかった、が、引っ張られている方向に、太い菩提樹が一本、葉が密に群れた逞《たくま》しいいくつもの枝を広げて立っているのを眼の隅でとらえた。

予感はあったにせよ、まさかこういう展開になるとは思っていなかったわたしは、この見えない微妙な強い力にからだごと引っ張られながら自分の理性を疑いだした。

これはなんだ、わたしは何をバカげたことやってるんだ。これは何かの幻覚作用か。

わたしは引っ張りに抵抗した。ふんばって、引っ張られるものかと足に力を入れた。するとからだは止まった。その樹との間は六、七メートルあったが、三メートルほど引っ張られた所で止まっていた。

アニュブッダは、わたしの奇妙《おかし》な斜め歩行にようやく気づき、変だと思ったらしい。わたしは膝を曲げ肩をいからして、強風に飛ばされないよう踏張っているみたいな奇妙な格好で立ち止まっていたのだ。

聖者とか覚者、導師と言われる人たちの周りはみなそうらしいが、ＯＳＨＯの周囲にもあらゆる種類の人間が集まっていた。そのなかにはなんでもかんでも超常現象に結びつけたがるオカルトマニアや、現実と幻覚に境をつけない思いこみの激しい人たちもいる。わたしがそういうタイプでないことをアニュブッダは知っていた。自ら認めているようにわたしには、オカルトや霊界やニューエイジ現象はもちろん、古今の神秘家や導師の名前など、精神世界の必要最低限の知識すらなかった。OSHOのところに、バカでもなさそうなのにこれほど予備知識なしで来た人間、しかも人一倍熱心に瞑想している人間がいるなんて、アニュブッダの言葉を借りればわたしは、「旅行社の手違いで来た」種族なのだ。

その異人種が、今、奇妙なトリップ*をしている。アニュブッダは、わたしがドラッグをやったと考えたようだ。

わたしはといえば、抵抗して動きを止めたはいいが、それは表面だけのことで、菩提樹に引っ張られている内側の何かを意志の力で制御できないことに、驚き、苛立っていた。

しかしすぐ直観的に、理性も抑制も投げ出すことにした。未知の世界に足を踏み入れたなら、けちけち、おどおど旅したってつまらない。何がどうなるのか見てみようじゃないかと開き直った。力を緩めると、からだはふたたびその菩提樹に引き寄せられていく。だが今度はわたしは、樹に対して正面を向いていた。さっきと異なり、からだの中心部がいちばん強く引かれているのが分かる。好奇心がわたしを落ち着かせていた。

「きみでもグラス（大麻）ヤることがあるんだ」

背後でアニュブッダがからかっている。

見えないロープで縛られて引きずられ、菩提樹の根元までよろよろ行きながら、アニュブッダのほうを振り返ろうとわたしは首を右に回したが、回したつもりが次の瞬間、反対に、時計の逆回りに勢いよく反動して、そのままスーフィのダーヴィッシュ舞踏*のようにからだごと回転し始めた。

回っているわたしの顔が真剣で苦しそうなのを見て、アニュブッダはようやく、これはドラッグの影響なんかじゃないと気がついた。わたしの顔は歪み、血の気がなくなっていたにちがいない。いくら力を入れて踏張ろうとしても、もう先程のように意志では止められない回転になっていた。

そのとき、抱きかかえるようにして、アニュブッダがわたしのからだを自分の長い腕のなかに包みこんで回転を止めてくれ、そのまま背中から地面に倒れこんだ。

しばらくのあいだ、二人は動かずにいた。わたしの激しい鼓動のすぐ背後に、アニュブッダの規則正しい鼓動が感じられる。遠くでリクシャーのクラクションが鳴り、頭上の鳥の声とともに、その場の静けさをいっそう深めていた。

わたしは眼を閉じた。額の中心、眉の中間に、きれいに輝く小さなブルーの光がある。その光の裏には、小人が槌《つち》で打っているような熱い微かな衝撃があった。

アニュブッダの推理

帰途、揺れるリクシャーのなかでは何も言えず、グルモアに戻ってからレストランで、わたしはアニュブッダに何が起こったかを話した。そのときの会話はこんな感じになる。

「怖かった?」

「怖くはなかった。でも、意志力が効かなくなるというのは決していい気分じゃない」

「菩提樹の木精は強いから、きみはきっとあの老菩提樹に気に入られたんだ」

「気に入られた?」

「それは言葉のアヤだけど、でもきみのなかで、エネルギーのチャンネルが普通人の何百倍も開いちゃって、超敏感になってるんだと思う。きみの瞑想、半端じゃないから」

「この頃、樹や花に引っ張られている感じはしてたけど、これからも強いエネルギーをもった生物にぐいぐい引き寄せられるんだろか」

「モノの本によればね、瞑想や行で急激にエネルギー中枢が開いて敏感になった人は、最初はからだをコントロールしにくいそうだ。でも、そのうちバランスが取れてきて、今日のきみのように、狂ったみたいにはならずに済むらしい。だから心配することない。近くに師匠《マスター》がいるんだから」

「冗談じゃなく、わたし発狂したのかと思った。ベッドの上でヘンな格好になるくらいだったら、まだ面白いですむんだけど」

「ベッドの上でヘンな格好ってカジュラホ*みたいな体位のこと？　きみは瞑想マニアで男になんか興味ないと思っていた」

「ちがう、ちがう、そんなんじゃない。わたしが言うのは、ベッドの上に坐って一人で瞑想していると、からだが勝手に動いていろんな格好になるってこと。それが無重力みたいにものすごく軽い」

「ラティハンか」

「ラティハンて？」

ラティハンとは、自分を空《から》にしたとき、大自然のエネルギーがからだを通過し始め、本人の意志に関係なく動いてくる現象を指す。スブドという聖者は宇宙エネルギーで満たされ、この神の動きラティハンが起こって覚醒したと言われている。しかしもともとは古いサハージヨーガで第六チャクラ*である第三の眼が開くと自在に起こるとされる。

「ラティハンが起こって腕なんか上がりだすと、ようやく宇宙エネルギーに乗れたって感じでいい気分だけど、きみのは？」

「無重力感は似ているけど、でもちょっとちがう」

「どうちがう？」

「形が決まってしまう。それも沢山あって、指が複雑な組み方をしたり、からだがエビなみに反りかえって、足の裏が頭のうしろに付きそうなったり、ふだんやろうと思ったってできないような動きが起こる」

「ハタヨーガやったことない？」

「ヨーガ＊という単語は知っていたけど、でも胡散臭《うさんくさ》くってバカにしてた」

「それできみのその動きは、コントロール効くの？　ラティハンだったら、何か考えるだけで動きは止まってしまう」

「もちろん、止めようとすれば止まる。でもラティハンよりずっと強い感じがする。まるでわたしのとは別人の意志で動いているみたい」

「自分じゃないような感じだとしたら、無意識の層が動きだしてきたのかなぁ。意識されている自分なんて氷山の一角だから、無意識層の意志は自分じゃないみたいに感じられるだろう。無意識のなかで眠っていたものが、何かやり始めたのかもしれない」

アニュブッダの言葉は暗示的だった。

しかし、彼が果たしてこのときわたしに起こりかけていたことを見抜いていたのかどうかは、すべてが終わったあとでも確かめようがなかった。というのも、この喫茶室での会話の一週間後、アニュブッダは突然姿を消してしまったからだ。

知らないはずの古代瞑想

部屋に戻ると、わたしは冷たいシャワーを浴びた。依然としてあの美しいブルーの光が、眼を閉じるたびに額に見えている。

タオルを巻いて鏡の前に立ったわたしは、あんなことのあとでは顔つきが変わったかと点検してみたが、別に変わりはない。ただ顔から肩にかけて、鏡に写っている自分の姿の縁が、白っぽく光っているのに気がついた。不思議に思ってよく見ようと縁に焦点を合わせると光はぼんやりしてしまい、焦点をずらすとはっきり見える。

焦点を合わせたりずらしたりしていたわたしは、半ば意識的、半ば無意識に自分の眼を見はじめた。ただ見るというより凝視に近かっただろう。薄暗いバスルームの灯りの下、知らず知らずのうちにわたしはまばたき一つせず、自分の眼を視《み》つづけていた。

これもまた後になって知るのだが、この、薄暗くした部屋で鏡のなかの自分の眼を凝視するというのも、トラタックといわれる古い瞑想法の一つだ。この時期のわたしは、そうした知識は皆無のまま、古今百十二あるとされる瞑想法に、次から次へと入っていったことになる。

こんなことは熱心な瞑想者になら誰にでも起こるかといえば、そうではなさそうだ。

人は誰でも、数ある過去生に積み重ねたその人固有の知識や体験を存在の属性のようにして持ち歩いているらしい（ここでは前世という言葉より、英語のPAST LIFEのように過去生という言葉を使いたい。人の転生に関しては、現在の科学ではまだまだ解明できないから否定も肯定もできない謎だが、わたしとしては体験から、単純に否定することのできない複雑で複合的な深い事象だと感じている）。

しかし少数の例外を除いては過去生をいちいち覚えている人はいないから、当然知識も経験も意識的な記憶としては持っていない。だがユングの集合無意識理論にもあるように、その記憶や智恵自体は無意識層のどこかに残っていて、発現できるルートさえ開通すればかたちになって現われるのではないだろうか。

意識の上でのわたしは、自身でも認めるように、過去生だ神秘世界だという話は嘲《せせ》ら笑ってバカにする側の人間だった。しかしこれほど次々とさまざまな瞑想に入っていっているということは、いくつもの過去生で、いろいろなスクール（宗派）の瞑想や修行をした経験があったにちがいない。そして埋もれていたそれらの知識が、無意識に始めるというかたちでわたしを動かしてきたのではないか。

ただし、もしこの時期そんなことを言う人がいたら、わたしは、「そういうおとぎ話には関心ない」くらいで片づけたことだろう。自分が、ふつうなら知らないはずの瞑想に入っていることすら、そのときのわたしは気づいていなかった。

手紙は誰が書いた？

バスルームのトラタックは三十分近くつづいた。

途中、自分の顔がぼんやりしてきて、自分の顔ではない知らない人の顔のようなものが現われた。が、よく見ようとするとすぐ消えてしまう。現われるときも消えるときも、パッパッと、映画の場面転換のような早いスピードで変わり、何だ何だと思っているうちに眼が痛くなったから数回まばたきした。すると鏡のなかは、まったくふだんと変わりない自分の顔の景色に戻った。

バスルームから出たあとも、しばらく痛みと涙が止まらず、わたしは部屋に一つだけあるくたびれた木製の肘《ひじ》かけ椅子に座って眼を閉じた。からだは、疲れきっているのに妙に熱かった。

そうだ、ＯＳＨＯに手紙を書こう、このところつづいて起こるおかしなことは、最初は面白いで済んでいたが、もう面白がっている段階じゃないらしい。アニュブッダの話ぶりでは、どうもわたしの知性のついていけない領域で何かが起こっているようだ。

わたしは、ダルシャンで直接くどくど話をするより、まず手紙に書いて、それから会って指示を仰ごうと思った。

肘かけ椅子の脇に、小さな、これも古い木製のデスクがある。わたしはその前に腰かけて、さて何から、いつ頃のことから書こうと思案していた。だが、思考がなかなか落ち着かず、ＯＳＨＯは毎日どのくらい手紙をもらうのだろうなどと考えだした。

アシュラムに滞在中の弟子からだけでなく、世界中に散らばっている弟子たちからも来るだろうから、その数はかなりだろう。でも短いながら返事はちゃんと来るというから、手紙も師にとっては弟子を知る機会の一つなのかもしれないなどと、ボールペンを握ったまま想いを漂わせているうち、ふとあることに思い当たった。

ＯＳＨＯに届く前に、誰かが先に手紙を読んで整理するのではないか。場合によってはその人が返事を書く場合もあるかもしれない。それはそうだ、本人が一つひとつ読むのは時間の浪費だから誰かいて当然だ。そう気がついたとき、信じられないことが起こった。

その瞬間、わたしの内側に強いちからが働いて、わたしを大きくはっきりとうなずかせたのだ。まるで透明人間がわたしの背後に立ち、頭を押さえつけてうなずかせたかのような力強い肯定だった。

わたしは思わず立ち上がって、部屋を見まわした。

そんなことをするまでもなく、部屋には誰も居ないことは自分が承知している。だが見回さざるをえないほど、そのうなずきには自分以外の強いちからが働いている感じがした。

何かの勘違いかもしれない、今日はいろんなことが起こったから、ひどく疲れてるんだ。

わたしは気を取り直してまた座り、手紙に戻った。努力して集中し、今度こそ順調に書きはじめられそうだった。ところがそのとき、また頭に浮かんだことがあった。

そうだ、ＯＳＨＯへの手紙はまず、秘書のラクシュミではなく、伴侶であるイギリス人のヴィヴェクが読み、彼に内容を報告するんだ。彼が直接読んだり返事を書いたりする手紙は僅《わず》かで限られている……

なぜそんな考えが浮かんできたのか解らない。

そのときまた突然、わたしの首が強く、「そのとおり」といわんばかりにうなずいた。わたしはからだを硬くした。恐怖はないが動揺していた。からだを硬くして座りなおし、わたしは今度は意識的に声に出さずに頭のなかで言った。

「手紙はヴィヴェクが最初に読む」

ふたたび、顎が下に強く振られ、わたしは、と言うよりわたしのなかの誰かがイエスとうなずいた。わたしは今度はそれを、はっきり、意識的に感じ取った。

じつは、手紙はたしかにOSHOが全部読むことはなく、まずヴィヴェクが読んでいたという。手紙の量がもっと増える後年になると秘書たちの手を通すようになったが、どちらにせよ、これらのことはすべて内々での事務処理だから、ほとんどの人は知らないことだった。そんな内輪のことを、わたしが、いやわたしのなかの誰かがどうやって知り得たのか（後年、分割脳の研究を読んで、この不可思議な情報源はわたし自身の右脳だったのではないか思うようになった。右脳は左脳とちがい言葉という知的手段を持たないからふだんは無口だが、無意識層、集合意識層という無尽蔵のデータバンクと直結しているせいで不気味なほど多くを知り得るらしい。そうと分かって、この妙な情報にわたしもようやく左脳的納得をした。そう考えるとうなずき自体、わたし自身の無意識層から表層意識へのコミュニケーション手段の一つだったのかもしれない）。

しかし、そのときのわたしは、ついに自分は発狂したとしか思えなかった。すべては、幻覚、空想、思いこみ、錯覚、エトセトラの、精神世界の戯言《ざれごと》にすぎない。わたしは、何か振り落としたいかのように頭を何回か振り、三たび手紙に集中しようとした。

インドというエキゾチックな異国の風景に酔ってしまったんだ、酔った頭がドラマを創りあげているんだと、わたしは自分に言いきかせようとした。

するとその瞬間、首が強く左右に振られた。否定している。

わたしはぎくっとして、息を止めた。だんだん腹が立ってきた。ふざけるのもいい加減にしてくれと大声で喚《わめ》きたくなった。

自分が何か考えたり思いついたりすると、それにたいして、イエスとノーが来る。しかも自分自身のからだを使ってだ。そうだ、こういうのを憑依というのかもしれない、霊というお化けみたいなものに取り憑かれるってヤツだ。

その瞬間、首がまた横に強く二、三回振られた。

思わずわたしは、「ああもうイヤだ」と声に出した。そしてアニュブッダのところに行こうと思いついたとき、同時にアニュブッダの言葉そのものを思い出した。

「有意識層なんて氷山の一角だから、無意識層が何かを伝えてくるときには自分じゃないみたいに感じられる」

無意識層の自分……か、ありうる、ありうる。

わたしは椅子に座りなおした。いつもの科学的な好奇心が戻ってきていた。自分に向かい、声には出さないが口をはっきり動かして、一つ質問を投げた。ある意味では奇妙な質問だった。

「あなたは…… わたしか？」

首が大きく、今まで以上に強く上下に振られた。イエスだった。

依然半信半疑のまま、不思議な感動が急流のように押し寄せてきて、喉の奥がじーんと痺《しび》れたようになり、懐《なつ》かしさとバカバカしさとが綯《な》い交《ま》ぜになった珍妙な感覚があった。

自分自身に照れながらわたしは、

「お会いできて、嬉しい」

と英語で言ってみた。すぐまた首が大きく上下した。

とうとうわたしは笑いだし、「あーあ、わたし、狂っちゃったよ」と声に出した。べつに返事を期待してのことではない。しかし、首は今度は強く左右に振られ、ノーになった。

それから約五時間、わたしはようやく手紙を書き終えた。

なぜそんなに時間がかかったかというと、何かを書くたびにイエスやノーがやってくるからで、すべてがイエスと肯定されるまで、書き直さなければならなかったのだ。しかも最後には右手が勝手に動きだし、一ページはそのもう一人の自分がわけの判《わか》らないものを書いて（一種の自動筆記か）締めくくりになった。その上、宛名の下にはカッコで括《くく》られた、「ＯＳＨＯ以外読まないで下さい」

という ご丁寧な但し書きまで添えられてあった。

不可解なダルシャン

二日後、あれだけ苦労して書いた手紙の返事には、「なんであれ、起こっていることは素晴らしい。祝福を」とだけあって、具体的なことは何も書いてなかった。説明や指示を期待していたわたしは深い失望を味わった。ただ字が、弟子になったとき名前を書いてくれたのと同じ筆跡だったからOSHOの直筆だったことは確かで、それがせめてもの慰めだった。彼以外の人の手になる返事は、流れるような綺麗な女性の筆跡で、それならわたしはいくつか見ていた。

手紙の返事は、アシュラムのオフィスに行って主任秘書のラクシュミから手渡してもらう。わたしが返事をもらいに行ったとき、ラクシュミはいつものように輝くような笑顔で返事を渡してくれたが、言葉はひと言もかけてくれなかった。

わたしはがっかりしてオフィス入口の石段に座り、目の前の若い淹木を照らす明るい緑の光をぼんやり見ていた。意気消沈していた。

すごいことが起こっている、自分のなかのもう一人の自分と出会ったんだ、無意識層にアクセスしたという尋常じゃない体験をしたのだと思ったが、どうやらこんな現象はここではべつに特別でも何でもないらしい。やっぱりわたしはこの世界のことに無知すぎる。もっと勉強する必要があるようだ。

気をとり直して立ち上がろうとしたそのとき、わたしの足元に人影が落ちた。見上げると、背の高い金髪の童顔の白人女性がニコニコして立っている。

「あなた、マ・ナルタンですね?」女性は言った。

直接話しをするのは初めてだったが、この人はOSHOの食事係の一人で、老子館《ラオツハウス》に住む弟子だ(あとで知ったのだが彼女はアメリカ人で名前はアスタ。片言の日本語を話す)。

「OSHOが、今夜のダルシャンにくるようにとのことです」

この彼女の言葉にわたしは、

「先程ムクタに申しこんだら、今夜と明日はいっぱいだからって、明後日にされたんですが」と言った。すると彼女は、

「では私からムクタに言っておきましょう」と事もなげに言い、

「それは嬉しいです。ありがとうございます」と言うわたしに、

「私に礼は要りません。それより、このことは他言しないほうがいいですよ」

と、最後のほうは早口で言い、それでも笑顔は消さずに足早に立ち去った。なかば呆然としてその後ろ姿を見ていたわたしの全身を、喜びが突風の勢いで駈《か》けめぐり、人が振り返るのも構《かま》わず門に向かって駆け出していた。

ＯＳＨＯに会いたい弟子たち、訪問者たちは数多い。だから、繰り返すことになるが、ダルシャンと呼ばれるＯＳＨＯとの夜の会見は前もって予約をとる必要があり、ＯＳＨＯのほうから会いに来いというのはまずないらしい。しかし、このときのわたしはまだ新参だったから、師《マスター》がそんな希有なことをしたとは気づいてもいなかった。もし古参の弟子たちが知ったら嫉妬の大攻撃を招いていただろう。だが言われた通り、わたしは誰にも何も言わなかった。この後も、たびたびＯＳＨＯに呼ばれていたわたしが、そんなことは滅多にないことだと知るのは、かなり後になってからである。

その夜のダルシャンには、わたしを含めて十人近い人が集まった。

そのうちの一人は新しく弟子になる北欧からの中年男性で、ＯＳＨＯはまずこの人を呼び、通常の手順を踏んでサニヤスを授けてから、いつものように「何か質問はないかね？」と尋ねた。北欧人は何か言いかけたが、ぐっと詰まったような声を出し、

「たくさんあったのですが、すべて忘れました」

それを聞くとＯＳＨＯは破顔し、くっくっと子供のような笑い声を出して「それはいい」と言いながら、祝福するようにその男性の頭上に軽く右手をあてた。

そこにいる全員もつられて笑った。

わたしも笑いながら、この人は、子供と同じ大きな笑顔、厳しい恐い師の顔、悪戯《いたずら》っ子のような

やんちゃな顔をすることはあっても、苦笑いすることはないだろうなと新しい発見をした気分になっていた。苦笑というのは不満と諦めと軽蔑が混合した表現だから、完全に開放された存在にはありえない表情だなどと思っているとき、OSHOが、わたしの横に座っていた端正な顔立ちのインド人の青年を呼んだ。たしかチンマヤという名前だった。

青年は貴公子然とした静かな物腰で立ち、マスターの前に正座して深々と頭を垂れ、両手で足に触れた。わたしはこれも後になって、この人が少年の頃からOSHOに帰依した最古参の弟子の一人であることを聞いたが、このときには何も知らず、ましてやOSHOがこの夜、わたしのためにこの古参弟子を使おうとしたなどとは思ってもみなかった。

青年が頭を上げ、OSHOが「どうだ、瞑想は進んでいるかね？」と言ったとき、不意にわたしは見えない手で胸ぐらをつかまれ、ぐいと前に引っ張られた。実際、わたしのからだがわずかに前に傾いた。その力は、大樹や古木に引き寄せられるときのものとはまったくちがい、否応《いやおう》ない強さはあるが、どこか安心していられる感じがあった。

直感的にわたしは、OSHOが引っ張ったのだと知った。

なぜだろう、なぜ引っ張るんだろうと、頭が忙しく回りだしたとき、彼の声が頭のなかで響いた。外から聞えるのではない、内側からだ。

「当然、知性では理解できないことも起こってくる。とくに過去の生に関する事柄の場合、重い宿業《カルマ》に関わる事柄がさまざまな形で現われ始めると、人は心を閉じ、逃げ出したくなる。だが、心配することはない。恐がる必要もない。すべては私に任せておけばいい。おまえは頭でっかちの無知な弟子だが、せっかく訪れた機会の海には、勇気を出してジャンプすることだ」

頭でっかちの無知という言葉は、会衆《かいしゅう》のなかの古い弟子たちの間に笑いをもたらした。というのも、わたしは知る由《よし》もなかったが、この青年弟子は「哲人」のあだ名をもらうほど理屈っぽい質問をしては、よくOSHOにからかわれていたのだそうだ。

だが、わたしも頭でっかちで無知……

「どんなことが起ころうと、避けずにそのなかに入っていきなさい。私がいつもおまえを見ていることを忘れないように。危険を感じたり、恐かったりすることもあるだろう。だが何が起ころうと、人にそれをお喋《しゃべ》りしたらぶちこわしだ」


わたしには、その夜のダルシャンで直接指導が受けられなかったことが、不満というより理解できなかった。

何か理由があるにちがいない。

わざわざ呼んでおきながらあんなに回《まわ》りくどい方法で、「何が起こっても人には話すな」とか、「恐がるな、私はいつも傍についている」とか、OSHOはいったい何のために言ったのだろう。いくら考えても理解できなかった。

＊接心

摂心修行とも言われ、禅宗では主要行事の一つ。各禅門が一定期間、集中的に座禅を催す。

＊ヴィパサナ座法

呼吸を観察することで意識を研ぎ澄まし、自分の心とからだに起こっている現象をありのままに観照する小乗仏教の瞑想法。ヴィパサナ観法。

＊トリップ

元来はドラッグなどで起こる幻覚作用をさすが、広義には思い込みや欲望など心理作用が引き起こす言動、妄想を言う。

＊スーフィーのダーヴィッシュ舞踏

イスラム神秘主義スーフィズムの瞑想法、長時間にわたって同じ地点に立ち、からだ全体で早く回転する。

＊カジュラホ

芸術的価値の高い彫刻を伴うヒンドゥー教及びジャイナ教の寺院群。古くから「カジュラホ」の名で知られるミトゥナ像（男女交合のエロティックな彫刻）を含む官能的なレリーフ群が有名である。

＊ヨーガ

インドで古代から発展してきた精神の研究法。神と一体化し、究極の至福に至るための具体的な行法で、いくつかの流れがある。肉体に働きかけることで意識改革を目指す派（ハタヨーガ）、世俗的な欲望を統御して至福に至ろうとする古典ヨーガ、精神上の技術を強調する派（ラジャヨーガやサハージヨーガ等）がある。

＊チャクラ

インドの身体論でエネルギーが集中するとされる七つの中枢。性器を第一チャクラとし、頭頂を第七チャクラとする。派によって部位がちがう。

＊第六チャクラ

眉間にあるとされるエネルギーのセンター。チャクラ参照。第三の目とも言う。

第三章

神秘の秘儀 ◎ プラティプラサヴ

霊の世界は閉ざされてはいない。汝の耳目《じもく》が塞《ふさ》がれ、汝の心が死んでいるだけだ
ゲーテ「ファウスト」より

「事実は小説より奇なりということわざを持ち出すまでもなく、この章に記すことはすべて事実です。ほとんどが不可解なことばかりで、自分に起こったのでなかったらわたし自身なかなか信じがたいことであり、読む人によっては強い疑念を抱かれることもあるでしょう。だが、それでもなお、これは実際に起こったことなのです」

過去生がやってきた

不思議なダルシャンを終えてホテルの部屋に戻ったわたしは、シャワーのあと、また鏡のなかの

自分の眼にじっと見入った。

このトラタックは、公園に行った日に始めて以来ときどき思い出してやっているので、眼を緊張させせないコツは分かっている。この鏡とのにらめっこでは自分の顔は消え、さまざまな顔が現われてくる。

今夜はどうかなと気軽な気持ちで見つめているうちに、突如自分の顔が消え、浅黒い肌をした狂暴な目つきの若者の顔になった。すぐ目の前にいるかのような、髪の毛まではっきり見える生々しさに思わず後ずさったが、まばたきはしなかった。胸の鼓動が高くなっている。次の瞬間その顔は消え、今度は苦悩する褐色の女の顔になった。ひからびた唇や血走った眼の目やにまで見える、と驚いた瞬間、今度は口髭を生やした中年の東洋人が冷ややかな眼差しを投げている。

ほとんど呼吸することすら忘れてわたしは、鏡のなかに次々と現われては素早く消える肌の色ちがう顔、おどろおどろしい形相に見入っていた。いや見入らされていたと言ったほうが正確だろう。どれ一つとして快い表情をした者はなく、男が多かったが女も三、四回現われ、そのなかで、痩せた青白い肌の哀しげな比丘尼《びくに》が何回か出た。

どのくらいの時間が経ったか、ついにわたしは強く何度もまばたきして頭を振り、鏡の魔力から逃れるようにバスルームを出た。

こんなのかなわない、もうあんな顔見たくないと、わたしはぐったりしてベッドに上がり、背中に枕をあてて脚をのばした。面白がってつづけたはいいけれど、何かとんでもない世界に入りこんでしまったのではないか。こんなことがインドに来た目的とどんな関係があるというのだ。

眠るつもりでわたしは眼を閉じた。

が、はっとして、すぐまた眼を開けた。

眼のなかが白昼の明るさで輝いていたのだ。眼を開けて見たときの部屋の灯りが薄暗く感じられるほどの明るさだ。もう一度眼を閉じた。

そこには、カラー写真より微妙で色彩豊かな風景が展開していた。

どこか古代アジアの町の道、街路のような景色だ。菩提樹に似た樹の葉っぱの一枚一枚がはっきり見える。黄土色の地面、ホコリっぽい空気、人を乗せた象の後ろ姿、荷車、汚れた白ターバンを巻いた疲れた表情の若い男、ほかにも何人か男の姿がある。土ボコリをあげて低く風が吹き枯葉のようなものが舞っている……

幻覚だ、とわたしは思った。だがアルコールは入っていないし、寝不足でもない。疲れてさえいない。眼を開け、頭を振り、頬を数回パタパタ叩いてまた眼をつむる。

同じ風景がまたあった。スローモーションだが動きもある。すべて目の前に存在しているかのような明快な色とリアリティーがあった。

これは、過去生が思い出されるときの典型的な現象だと言われる。

過去生の記憶は、言葉でやってくる場合とカラフルなイメージで突然やってくることが多いと聞く。最近記憶に関わる遺伝物質の研究で、知識の遺伝が細胞内の核酸コードとして蓄えられるらしいとわかってきたそうだが、だとしても今、このときのわたしの「記憶」が何であったのかを解明することはできない。できるのは起こったことをそのまま記すことだけだ。

この風景、眼の裏のポストカードと勝手に名づけたこのフルカラーの古代イメージは、その後しばらく眼を閉じるたびに見えていた。だが当時のわたしにとっては、ただうるさい煩わしいだけの現象で、これが自分の過去生と関係あるとは思いもつかなかった。

プラティプラサヴは、過去生、しかも問題のある過去生に関わるインド古代からの秘儀であるらしい。それは、ある生のなかでとてつもなく苦しく恐ろしい経験をし、何生にも渡ってその経験を重苦しい塊《かたまり》として存在のなかに引きずっている魂を、その苦悩（カルマと言ってもいい）から解放するための浄化プロセスであるようだ。

これは、その技を熟知した導師との一対一の師弟関係のなかでか、あるいは、古代社会にあったような小規模の宗教者共同体のなかでしか起こらない秘教的プロセスとされる。師と弟子の場合でも、いつでも誰にでも起こるというわけではないらしい。弟子でしかないわたしにはわからないが、機が熟しているとか、その時期の弟子の側の受容性はどうかなど、それが起こり得る必須条件みたいなものはあるのではないか。

この時期わたしに毎日起こったことはあまりに多すぎて書き切れないから、主要な部分だけ取り上げることにする。

わたしに起こったプラティプラサヴは、線グラフに表わすと、右肩上がりでピークに達し、右肩下がりで降りていく山型だ。前半は素晴らしい。当惑や驚きはあったが、とにかく未知の世界の不可思議さに魅了され、充実感さえあった。しかし後半は疲労困憊し、恐怖に襲われる。同じ未知の世界でも、暗黒の位相に触れていったからだろう。

三つの苦悩の生

ピークのちょっと前のことだった。

その夜、わたしはいつものようにベッドの上で瞑想を始めたがどうも落ち着かない。内側で何かが騒いでいる感じがして、重心が丹田に降りていかない。とうとうわたしは諦めてベッドを離れ、肘かけ椅子に腰を下ろして本を読み始めた。が、すぐまたそれもやめた。何かが邪魔して集中できない。

ふと、そうだ、わたしのなかのわたしが何か言いたいんだと気がついた。そう思った瞬間、強いイエスで首が上下し、からだがすっくと立ち上がるや、テーブルの前まで歩いていった。

この、無意識層が首の動きでイエスとノーを主張する現象はあの日以来しょっちゅう起こっていたが、こんなに強烈な乗っ取りは初めてだった。通常の意識がなくなっているわけではない。レットゴーして表層意識のコントロールを外しているだけだから、ふつうの状態に戻ろうと思えばいつでも戻れる。しかし、無意識層の自分が何か強く訴えたがっていると分かったので、そのまま指示通りにすることにした。何か書きたいようだ。わたしは、ノートとボールペンを持って再び椅子に座った。

まもなく、よどんでいた水が水路を得て流れ出したような勢いで、言葉が溢れ出てきた。頭のなか、からだのなかに誰かがいて朗読しているかのような滑《なめ》らかさだった。次にどんな言葉が出てくるか書き手であるわたしには見当がつかないのだが、手はすらすらと動いていく。基本的には日本語と英語で語られたが、ときおり訳の分からない言葉が現われて、書き方が判らないので取りあえずアルファベットで書いておいた。

しかし内容は陰欝だった。悲惨で忌まわしい三つの生だった。

一番めに出てきたのは古代の北アジア辺《あた》り、無知で野卑な貧しい若者が胸を小刀で刺されて殺される場面だった。彼の名前、そのときの状況や情景が語られ、瞬間的だったがイメージもやってきた。

二つめは、二千年前のこれもインド中央部で悲惨な人生を送って死んだ娼婦の生だった（このとき出てきた単語はヒンドゥ語のような言葉ですぐには判らなかったが、あとで娼婦だと判明した。推察どおりだったので驚かなかった）。

三番めがもっともひどかった。そしてこれが、わたしに起こったプラティプラサヴの主要目標だったと思われる。

ときは九世紀半ばの中国、唐の時代、山窩《さんか》に嫁いだ女が四才になる息子と山中で虎に襲われ、自分は逃げて助かったが目の前で息子を虎に喰われる。その後女は尼になり、寺で慚愧《ざんき》の一生を送るのだが、自らの命を投げ出しても子供を救おうとするのが母性の本能だと言われるのに、自分一人逃げて子を目前で惨殺されてしまったこの女が、出家してもなお悲痛な罪悪感を永々《えいえい》と引きずったのは想像に難《かた》くない。

この、子を喰われたという場面になったとき、わたしの手はペンを放り出し、これがほんとに自分の声かと信じられないほど苦痛に満ちた絶望的な号泣が起こった。胸をかきむしり、苦しく悶えて泣きくれる痩せ細った若い女……溢れる涙とともにその悲嘆を身をもって感じながら、同時にわたしは完全に傍観者としてその自分を見ていた。この時点では、まだまだわたしのクールさは失われていなかった。

強い当惑と疑念と、かすかだが動揺が起こったのは、その子「チャン」がギータだという章句が出てきたときである。

前述の二つの哀しい生でも、関わりのあった人たちで現在わたしと接点のある人たちの名前が出てきていた。しかしそれにはあまり注目しなかった。潜在意識の操作の可能性だってあったからだ。

だがギータの名前が出てきて、その童顔と甘え声が脳裏に浮かんだとき、わたしのなかの奥深いところで、何か今まで見たくなかったもの、そうと知っていたけれど認めたくなかった何かを、頭を掴《つか》まえられて強引に見させられたような苦い衝撃が走った。

十代の頃からわたしには、四、五才の男の子に自分でも理解しがたいほど惹かれ、見ると衝動的に声を掛けずにはいられない習性があった。その年令以外の子供にはまったく関心がない（この傾向はこの半年後くらいには完全に消えてしまった）。

そして初めてギータに会ったときのあの強いデジャヴ……

一体これはどういうことなんだ。

その夜、ようやく一〇〇パーセント通常の自分に戻って床についたときには夜明けになっていた。

B五版ノートに十ページの記録が残された。

過去生というのは、一般的にまず、解消したい重苦しいものから思い出されるものらしい。わたしの場合も、いわゆるいい人生、平穏で幸福だったりドラマティックだったり、素晴らしく生き甲斐のあった生も多く思い出してきたのだが、それは後のことであり、プラティプラサヴには関係ないのでここでは言及しない。

謎の小函《こばこ》

それから二日ほど経って、わたしはまた老子館《ラオツハウス》の料理番アスタを通じてダルシャンに呼ばれた。

わたしはいつものバルコニーで、七、八人のグループの最後列に座った。またからだを引っ張られてメッセージを受けるのかと思っていたからだ。ところがサニヤス授受のあと、突然わたしのほうを見たOSHOは、「ナルタン、前に来なさい」と声を掛けてきた。

わたしはあわてて彼の前に座り、何を言われるのかと見上げたが、

「ハウ　アー　ユー?」というといういつもと同じ質問だ。わたしは、

「はい、何だかよく解らないんですが、いろいろ起こってます」

と、他言してはいけないという指示を守り、曖昧な返事をした。

すると、微笑したままOSHOは左手をラクシュミに差し出し、小さな黒いものを受け取った。そして仕草でわたしの頭を下げさせ、それを頭の真ん中に軽くあてた。急激な熱いエネルギーが背筋を走って上昇するのを感じた。

「ナルタン、このボックスを与えよう。困ったとき、恐ろしいとき、助けが欲しいとき、これを今のように頭に軽くあてなさい。わたしがすぐ助けに駆けつけてあげる」

最後の「わたしが助けに駆けつける」の部分になったとき、講話と入門式《ダルシャン》以外は自室から一歩も出ないOSHOの日常を知っていた弟子たちは、ラクシュミを除き、わたしを含めて全員が笑いこけた。それが冗談でなかったとわたしに分かるのは、あとになってからである。

わたしがその夜小函《こばこ》をもらったことは何人かに伝わり、好奇心の的になった。というのも、このボックスと呼ばれる手作りの木製の小函は、弟子が帰国などでOSHOの元を離れるとき、師弟の

感触を思い出させるリマインダーとして与えられるもので、近くに居る者がもらうということはなかったからだ。

師ＯＳＨＯの、わたしの理解を超えた指示や贈り物にわたしは混乱し、だが、誰にも相談どころか話しさえできない。しかしそんなわたしの状態にはお構いなく、事態は勝手にどんどん進展していった。

ユーレイとベルボーイとギータ

あの暗い過去生が現われた夜の次の日から、夜になると、右隣の部屋に泊まっている野蛮な男たちが、酔っているのか一晩中ひどい音をさせて騒ぐようになった。とにかくとんでもなく喧《やかま》しい。鉄製のゲタを履いて歩き回り、家具を放り投げてわいわい騒ぎ遊んでいるみたいな乱痴気騒ぎだ。

しかも夜中すぎから夜明けまでつづく。よほど文句を言いに行こうと思ったが、男たちに隣室が女客一人だと知られたらコトだから（すでにこのホテルで不愉快な経験があった）、我慢していた。

ところが隣室のその騒動と平行して、周辺の人たち、とくにホテルのボーイたちのわたしに対する態度が変ってきた。

部屋の外ですれ違うたびに、愛想のよかった彼らがわたしを気味悪そうな目つきで見るようになり、シーツ替えや掃除のために部屋に入るときにも、急に二人で来るようになった上に、雑な仕事をしてそそくさと出ていく。ルームサービスで紅茶を持ってきてくれるときにも、ドアからなるべく離れて立っている。それに左隣の部屋の住人（これも新米の弟子だった）の態度もおかしい。

隣室の騒がしさが異常なのについに業をにやし、二日めわたしはフロントに苦情に行った。いつもニコリともしない腹の出たフロントの中年男は、このときも無表情に、

「あの部屋には、もう何日も宿泊客はいません」とそっけない。

では、あれはどこから聞えてくるのか。幻聴ではない。左隣のOSHOの弟子も音のことは言っていた。

このとき、わたしは初めてぞっとした。

物音が、すべてわたしの部屋から出ていたとはっきり認識したのは、その現象が終わりに近くなったときである。おそらく一種のポルターガイスト現象（無意識層が騒乱状態になっている人間の放出する、なんらかのエネルギーによって引き起こされる運動、あるいは現象だが、俗には喧《やかま》しいユーレイの仕業と思われている）だったのだろう。実際に部屋の家具が飛びかったわけではないが、大きな話し声、重苦しい足音、ガタガタと物を投げ動かす音、これらが全部真っ暗なわたしの部屋から一晩中聞えていたのだから、ボーイたちが気味悪がったのも無理はない。

その、本人だけが気づいていなかったユーレイ騒動の真っ只中、わたしの部屋に近寄ることさえ

嫌がっていたボーイが、ある夕方突然、いちばん年寄りのといちばん若いのとが二人してニコニコしながらやってきた。そして驚くわたしにおかまいなく、年寄りのムルティは以前彼からもらってクロス代わりにテーブルにかけておいたシーツを替え始めた。若いお洒落なジョーティは、ホテルの庭で摘んだらしい花を手にしている。何がなんだか分からないが、分からないことが起こるのに慣れてしまったわたしは、嬉しさも手伝って二人に気前のいいチップをあげ、いい機会とばかり部屋を綺麗にすることにした。

椅子の背に買ったばかりのシルクのショールをかけたり、床を日本式に拭きあげたり、久しぶりの単純作業が楽しく、鼻歌さえ出てくる。

掃除が終わってほっとしてベッドに腰かけたとき、わたしの内側の何かが変化した。ちょうど瞑想のなかで、心身に立ち籠めていた霧がだんだんと晴れていくときのような、強く内方向に収斂《しゅうれん》していく力を感じはじめた。しかし自分から入っていく瞑想と異なって、これはわたし以外のどこかから入ってきた不思議な透明感だった。

わたしは静かにしていた。内も外も静かだった。

不意に、「今夜一時」という言葉が入ってきた。入ってきたと言うより浮かんだと言うべきだろうが、どうしてもこれは、言葉が入ってきた感じだった。

今夜一時に何があるんだろう。

奇妙な透明感は次第に消えていき、わたしはしばらくそのまま座っていた。そして飛び上がった。

ＯＳＨＯが来るということかもしれない。今夜一時に、ＯＳＨＯがこの部屋を訪れるということなのかもしれない……。

その頃のわたしには、当然ながら、アストラル体投射＊や覚醒夢体《かくせいむたい》＊に関する知識はまったくない。人には物理的身体以外の体があり、肉体から遊離して別の場所に行くことがあるなどとは想像したことすらなく、今でこそ、古今の本物のヨギ＊たちにはそういったことは可能だったらしいことも知っているが、そのときには、道を会得した人たちに何ができるかなど考えたこともなかった。

ところがこの日のわたしは、ＯＳＨＯが今夜、眼には見えない訪問をすると知ったのだ。しかも、わざわざ新参の弟子を訪れるということは、これは何か重大な理由があるのではないか。そしてすぐに、それはあの夜、文字に現われた悲痛な過去生、虎に子を喰われた母の生に関わっているにちがいないと気づいた。

しかしそれにしてもと、わたしは複雑な思いで新しいシーツと花、ショールで飾った椅子を見つめていた。偶然にしては出来すぎている。

暗くなってからまたノックがあった。ギータだった。

その頃ギータは、ＯＳＨＯお気に入りの電気技師ハリダスとつきあい始めていて、夫のアサンガとは別れたがっていた。だが経済的には彼に依存していたのでなかなか話が進まなかった。そこでわたしはアサンガに会ってギータの生活費を出すよう交渉し（そのときついでにホコリだらけのダルマを彼に引き取ってもらった）、グルモアのわたしの部屋の向かい側の二〇四号室を予約して、ギータを連れてきてしまっていた。

「放《ほ》っといてよ、放っとくから」が信条のわたしが強引にギータを自分の近くに住まわせるという、完全にらしくないお節介をやいたのだ。それは、虎に喰われた息子チャンはギータだったという、あの信じがたい過去生の発現の夜よりちょっと前のことだった。

これまで起きたことはすべて、信じる信じないなどという選択の余地のない強烈さとスピードで、つぎつぎと襲うように起こっている。だが強烈だからといって、理性がすべてに納得していたわけではない。

しかしギータを見た瞬間、わたしの理性はぐらつきだした。自分のあのときの不可解な強引さには理由があったのではないか。それは今日のために為されたのではないか。そして「今夜一時」は、今夜一時にほんとうに起こるんじゃないかと、しぶしぶながら信じ始めていた。

真夜中のプライベートダルシャン

ギータは真面目な顔つきで、

「じつはさっきとても変な感じになって、どうしてもナルタンの部屋に来なければならない気持ちになった」と言った。そして、

「この頃ナルタンちょっと様子が変だけど、何かあるの?」

と訊いてきた。わたしは一瞬すべてを打ち明けたい衝動に駆られた。しかし首こそ動かなかったが、内側に強いノーがあって、引き止めている。最初の頃と違って、首の動きがなくても、無意識層の自分が何を求めているか大体は判断できるようになっている。

わたしはギータに言った。

「確かにわたしにはずっと不思議なこと起こっていて、じつはそれはギータとも関係がある。でも今は何も話してはいけないことになっているの。いつか話せるときが来るまで待ってほしい」

ギータは、「わかった。いいよ、いつでも」と笑顔でうなずいた。

安心したわたしがつづけて、「今夜、わたしとここで一晩過ごしてほしい」と頼むと、ギータは首を傾げた。わたしが理由をどう説明しようかと思案していると、びっくりしたことにギータは、

「おかしいよね、わたしもそんな気がしてた」と言う。

そして「変だね」と言ってまた笑った。

そのときわたしは突然こう言っていた。

「ほんとはね、ギータ、今夜OSHOがここに来る」

だがギータは驚かなかった。驚いたのはわたしのほうだ。

彼女は無邪気に、「そうじゃないかと思ったんだ」と言ったのだ。

その夜、わたしたちは十二時頃までお喋りをしていた。ギータはわたしのベットに寝そべり、わたしは床に瞑想用のゴザを敷いてその上で胡座《あぐら》をかいていた。十二時すぎ、ギータは眠ってしまい、わたしはそのまま瞑想に入った。

一時頃、バルコニーに出るドアの辺りに強い気配を感じた。それはシルクのショールのかかった椅子近くに移動した。部屋全体が、何か熱いような強烈な臨在感《プレゼンス》に包まれた。

その瞬間、わたしのからだは椅子の前にひれ伏した。

それから始まった一連の動きはすべて、わたしのなかの「わたし」によるもので、通常のわたしのからだは乗っ取られた感があり、その「わたし」は明らかに、何をすべきか知っているらしかった。通常のわたしはただ見ているほかなかった。

ひれ伏したとき、わたしは奇妙な懐かしさを覚えた。このようにひれ伏したのは初めてではなく、前に何度もやっている感じだった。といっても、ダルシャンでは勿論のこと、わたしはこれまで人にひれ伏したことなどない。

からだを起こし、「わたし」は椅子に向かってムードラ*のような腕と指の仕草を始めた。かなりのスピードでかたちが変っていく。わたしの知性にはほとんどついて行けない早さだったが、それが言葉に代わる一種のコミュニケーション手段であることは明らかだった。

まもなくベッドのギータを振り向き、訴えるようなムードラになったと思ったとき、「わたし」

の喉の奥から悲痛な細い悲鳴が起こり、顔が苦しくゆがんだ。そして倒れるように再び前にひれ伏した。

静かだった。なんの物音もしない。虫の声だけが遠いところから聞えている。部屋を包みこんでいる強烈な臨在感は、依然そのままそこにある。

少しずつ、「わたし」も静かに落ち着いてきた。「わたし」はからだを起こし、今度はゆっくりした仕草になり、また止まって耳を澄ます感じで頭を垂れている。それから三たび儀礼のかたちでひれ伏した。

次の瞬間、強い存在感はふっと消え、部屋はいつものホテルの小部屋に戻った。

後に講話のなかで何回かOSHOは、「私の夜は結構忙しいのだ」と、自分がときどき弟子を個人的に訪れなければならないことがあることに言及している。それを聞くまでもなく、その夜のダルシャンを経験したあとで、起こったことに安易な疑心を抱くには、すべてがあまりにリアルであり、力強過ぎた。

ソウル（魂）荒掃除の予告

翌朝、いっしょに講話へ行く途中、リクシャーのなかでギータは、「わたし眠っちゃったけど、来たんでしょ」と言っただけで、詳しく聞くのを抑えてくれたのがありがたかった。

その日は一日とくに何も起こらず、奇怪な出来事の洪水で飽和状態だったわたしの正気にとって、久しぶりに平穏な日だった。

胸がさまざまな感情でいっぱいになっている。人と口をききたくなかったわたしは、アシュラムで瞑想してからすぐホテルに戻った。前夜あまり眠っていない割には疲れは感じなかったが、九時頃にはベッドに入った。そしてすぐ寝つき、熟睡した。夜中に眼を覚まし、水を飲もうと起きたとき、いつもの男たちの荒々しい大騒ぎが聞えないのに気がついた。それからベッドに戻ったが眠れない。眼が冴えてしまっている。昨夜のことが思い起こされた。

と、そのとき、頭のなかで誰かが「ナルタン」と大声で呼んだ。

どこからなのか判らないが、大声にも関わらず外からではないことは明白だった。自分のなかなのだ。その声はまた強く呼びかけた。わたしは頭のなかで「はい」と返事をした。

OSHOだった。

そのときのわたしのテレパシー能力は、世の大半の人と同様に潜在能力でしかなく、意志的に自在に操作できるような力ではない。しかし潜在的にせよ能力自体はないわけではないから、強力に働きかけることができる相手とだったら、交信は可能だった。

今になって考えれば、OSHOは、直接にしか伝えられない種の指示をしたかったために、やむなくテレパシーという手段を使ったのだと思う。その夜の指示はそれだけ個人的なものだった。

もちろんわたしだけ老子館《ラオツハウス》に呼んで指示を与えたりしたら、口うるさいアシュラムスズメのあいだにすぐ広がり、師と弟子の間で極秘裡《ごくひり》に為されるプラティプラサヴがぶち壊しになる。だが、わたしをダルシャンに呼んで他の弟子を介して送るメッセージには限界がある。

そうとなったら、やはりテレパシーがいちばん手っ取りばやい。しかし、そうとは思いつかなかったわたしは、そのときはただ驚愕し、混乱するだけだった。


それは奇妙な指示だった。

「次の日、一日、おまえのからだは動かなくなる。だが、動揺することはない。おまえのなかの、長くおまえを奥底で苦しめていた重い暗いエネルギーが解放され、浄化が始まる。けっして快適ではないが、抵抗してはならない。横になっているのがいちばん楽だろう。何も食べたり飲んだりしないように」

これが指示だった。

このテレパシー交信の間、二つ興味深いことがあった。

一つは、わたしが、アリガトウゴザイマス的礼節の意を送るとひどく叱られたことだ。無駄なことをするな！という感じの叱責だった。もう一つは、興味深いというより謎めいていると言ったほうがいい。それは指示を受けたあと、ふと疑念を抱いたわたしが、これは本当なのだろうか、夢を見ているのにすぎないんじゃないかと思ってしまったときだ。

ＯＳＨＯは即座に、「今にわかる。ハリダスがおまえの左手の薬指に触れる」と言い、そこで交信は消えた。

わたしはしばらくのあいだ、暗やみのなかに横たわったまま呆然としていた。

翌朝、眼が覚めて枕元の目覚まし時計を見るとちょうど八時だった。講話は八時からだからもう遅い。わたしは舌打ちをして起きようとした。ところがからだが、鋼鉄の塊でででもできているかのように重くなっている。気がつくと足の先がじーんと痺《しび》れてすらいる。

不意に、夜中の出来事、不思議な指示を思い出した。

わたしは信じられない気持ちで、仰向いたまま自分のからだを点検した。足先の痺れがゆっくり少しずつ上に昇ってきているのが分かる。軽い電気ショックを持続して受けているかのような痺れだ。腰から下は重たくてもうほとんど動かない。痺れはピリピリ、ジリジリという感じで少し強くなり、下半身を昇って上半身に向かっている。

恐怖心はなかった。しかし頭はときおりパニック状態に陥って、このまま半身不随になったらどうしようとか、病院に行くべきじゃないかなどうろたえる。

二時間ほどで痺れは胸部に達した。苦しくはない。呼吸もゆっくりだが、まあ普通にできる。しかしけっして気持ちのいい感覚ではない。

痺《しび》れは、脇から二、三センチ上の肩甲骨の下あたりで止まり、それ以上は昇っていかなかった。胸の痺れはときどき、波のように強くなったり静まったりする。鈍いが痛みもあった。

痺れが、潮が引くように少しずつ弱くなり始めたのは、始まってから四時間以上経ってからだと思う。首は動かせたのだから時間を見ておけば良かったのだが、そのときはそれどころではなかったので正確な時間は分からない。痺れはからだのどこからともなく消え始め、からだ自体はどんどん軽くなっていく。しかし消耗していることも確かだ。

痺れが完全になくなり、すべてが普段どおりに戻ったと分かったあとも、わたしはずっと仰向けのまま眼を閉じていた。なんだか知らないけど、これで浄化とやらは終わってくれたんだろうなと、ほっとした想いがあった。

しかし、ことはそれほど簡単には終わってくれなかった。

ハリダスはどこに触わった？

ぐったりと病み上がりのときのようになったからだを引きずって、夕方わたしはアシュラムに行った。

ちょうど、毎夕行なわれるクンダリーニ瞑想が始まる時間だったが、とてもその気力はなく、わたしはなんとなく老子館《ラオツハウス》の門の脇にある石のベンチに腰を下ろしぼんやりと、門柱にからんで溢れ咲く何百ものハイビスカスの花を見ていた。初めてアシュラムに来た日、この同じハイビスカスに見とれた記憶がある。ほんの六週間ほど前のことなのに、なんだか遠い昔のことのようだった。

涙が出てきた。

べつに辛いわけでも悲しいわけでもない、が、疲れていた。気分的にひどく疲れていた。この一連の現象は、インドに求めてやって来たことと果たして僅かでも繋がりがあるのだろうかという、わけが分からないゆえに抱く苦々しい疑念もあった。わたしはそのままベンチで、泣くというより、涙を勝手に流させて座っていた。

そのときハリダスが通りかかった。

当時わたしは、ハリダスという人と親しかったわけではない。ギータがつき合い始めた相手という位の知識しかなかったし、彼がグルモアにギータを訪ねてくるとき、簡単な言葉を交わす程度の面識だ。痩せた大男で、波打った芥子《からし》色の柔らかそうな長い髪と髭のあいだから、澄んだブルーの穏やかな眼がのぞいている。そのハリダスが、わたしを見るとおやという顔つきになりベンチに近づいてきた。

ハリダスは、どうしたの、なぜ泣いてるのと訊きもせず横に並んで腰をかけ、右腕をわたしの肩に回して自分のほうに抱き寄せた。

これはこのアシュラムでは典型的な行為だ。人が慰めを必要としているらしいと感じたとき、詮索《せんさく》もしないし説明も求めずにただ腕を回してハグし、言葉ではなく、ハートをその人と分かち合う。とくに古参の弟子たちはこれを自然にやる。いや、やるという自意識はあまりなく、からだが自然に動いていく。

ハリダスのそれもごく自然だった。わたしは頭を彼の肩にもたれかけて、しばらくそのまま涙を流していた。ハリダスは無言でわたしの頭を撫《な》で、左手でわたしの左手を取り、指を撫でてくれた。

そのとき突然、わたしは前夜、テレパシーでOSHOが言った謎のような言葉を思い出した。

「ハリダスがおまえの左手の薬指に触れる」

わたしは視線を下げ、ハリダスがさっきから薬指を摘まむように撫でているのを見ると、思わずからだを起こしてその顔を見つめた。ハリダスはちょっと驚いて、「もう気分はよくなった?」と優しい声で言い、わたしの額に軽く唇を当てて立ち上がった。その表情には、秘密めいた共犯者的要素は一かけらもなかった。

サイ現象*を認めない旧弊な科学者なら、昨夜のテレパシーはわたしの思いこみという脳内現象で、従って翌朝から起こった五時間以上にわたる全身の痺《しび》れもたんなる自己暗示にすぎないと主張できるだろう。わたし自身、現象がいくら不可解でも理性がいくら困惑しても、現象は現象として受け容れてきたが、ときに疑心暗鬼に陥る。しかしハリダスに左の薬指を撫でられたことで、わたしの疑心は、土台が埋没していくように崩れていった。

疑う余地はなかった。

わたしの頭がどんなに想像力豊かだとしても、ハリダスと左の薬指をつなげるなどという発想はとても不可能だ。テレパシーは本物で、今朝の痺れも本物なのだ。ということは、これまで起こってきたこともすべて、わたしの頭がでっちあげた妄想ではないし、幻覚ではなかったと演繹できる。

初めてわたしは、自分の狂気の可能性を否定し捨てることができた。そして狂気ではないと解った今、何が起こっても正面から受け容れよう。ただこれまでのスタンス通り、何かにどっぷり浸かったとしても溺れないようにすること、圧倒されることはあっても、なおじっと見据えていくこと、これだけは忘れずにいようと自分に言いきかせた。


ヨーガ史の巨星パタンジャリ*は、高次の霊的体験や悟りに到達する上で、超常現象は大きな妨げになると言っている。OSHOも、エゾテリック（秘教的）な能力を用いることには否定的だった。だからと言って能力をもたないわけではなかったのだろう。ただパタンジャリの洞察どおり、超常現象にのめりこんで道を忘れる人はひじょうに多いから、弟子を導く導師としては否定的であらざるを得なかったのではないか。

意識の最高次に達した覚者は、考えただけでその思考が実現すると言われる。OSHOは、ある次元では思惟によってある種の事象をひき起こすこともあるのではないかと、わたしは自分に連続して起こっている出来事を考えてそう結論せざるを得なくなっていた。

そして思惟が現実となり得るような神人たち、自我を超越した彼らの本質が、ブッダの言葉を借りればアナッタ（空）、また禅の言葉を借りれば無心であるということが、また絶対にそうでなければならないということが、強いリアリティーをもって納得できた。

同じように、わたしたちが偶然という言葉で片づけている事柄だって、じつは、宇宙が一体になって繋がっている次元で神秘的なルートを経て現われる必然なんじゃないか、だから偶然なんてことはあり得ないんじゃないかと、わたしは、アニュブッダのひょろ長い姿、グルモアのボーイたちのシーツと花、二〇四号室のギータなどを思い起こしていた。

わたしたちの存在の中核は常に大いなる全体と繋がっていて、そのルートだってちゃんとあるはずなのだが、長いあいだ物質を追う日常生活で道筋を風化させてしまったから、ちょっと非連続的なこと非日常的なことを見ると、偶然だの奇跡だのという言葉で個別に片づけて、つながりの可能性は考えようともしない。

親指で薬指をさわりながら、わたしは師としてのＯＳＨＯへの信頼を改めて深めた気分になり、老子館《ラオツハウス》の前を離れた。

暗黒からの訪問者たち

夜中の見えないダルシャンをピークだとすれば、それ以降は、なんとか暗黒空間から脱出しようと手探りで彷徨《さまよ》ってあがく、苦しい時間だけがつづくことになった。

ハリダスと老子館の前で会ってから、わたしはまたホテルに戻り、レストランで食事をしてから部屋に上がっていった。途中すれ違うボーイたちはわたしを見ると怯えた表情になって、かたちだけのナマステをすると眼も合わさず、そそくさと消える。不愉快な気分でわたしは部屋のドアを開け、なかに入った。

壁のスイッチを探ったとき、わたしは部屋が心持ち冷たいのに気がついた。ここ旧館には冷房はない。三月も後半に入っていて、真夏はもうすぐだから（西インドの四月五月は日本の七月八月にあたる）、暑くて当然なのだがと、わたしは灯りをつけて部屋を見回した。だが、べつに変った様子はない。シャワーを浴び、疲れているからだをようやくベッドに横たえ、電気を消して眠ってしまった。

何時頃だろうか、バルコニーに軽い物が投げ落とされるような微かなストンという音がして、わたしは眼を覚ました。ベッドのわたしの頭のすぐ上に窓があり、外は壁ごし三十センチほどでバルコニーになっている。その音は短い間隔をおいて何回か起こった。暗やみのなかで、わたしは何だろうと耳をこらした。

次の一瞬、わたしは凍りついた。誰かが、いや何かが、バルコニー側から部屋のなかに入ってきたのだ。

意を決してわたしは枕元のスタンドのスイッチを入れた。

何も見えない。わたしはこわごわ起き上がり、ドアの脇のスイッチで大きな電灯を点《つ》けた。何も誰も見えない。だが、確かにいる、確かに何かがいる。気配は歴然としていて、霊感などというものには縁遠いわたしですら分かる。脚ががくがくしてくる。逃げ出そうと思ったが、真夜中ではアシュラムの門だって閉まっている。気配は、二日前の見えないダルシャンで感じた気配とはほど遠く、冷やりとして重く薄気味悪い。

じわじわと昇ってくる恐怖に心臓が締めつけられるようになっている。

わたしは本能的に、ペンダントを首にかけ、机の上に置いてあったもらった小函《ボックス》を手に取った。そして床のゴザの上で蓮華坐を組んで眼を閉じ、それを頭にあてた。頭がじーんとしてきて少し落ち着いてきた。しかし、とても眠りに戻れる状態ではない。

わたしはそのまま眼を閉じていた。

気配が近づいてくる。ひゅうっと頬を冷気がかすめたり、背後が寒くなったりしている。部屋中を動きまわっている感じだ。そのうち、音や声が聞えてきた。

おなじみの騒がしい男たちのガヤガヤとは違うひそひそ、さわさわといった低い声が主流だ、が、するかとおもえば遠のいて消え、また戻ってくると、今度はわたしの耳元を通る。耳元を通ったとき、その低いエコーのかかったような声が、「ボックスとペンダントを捨てろよ」と言っているような気がした。

ふと気がつくと、わたしは左手でペンダントを外そうとし、右手のボックスを床に置こうとしている。それに気づいたとき、わたしは狂ったように立ち上がった。同時に「誰か助けて！」と叫ぼうとした。

その瞬間、わたしの内側で、「動くな！」という強い声がした。

わたしはへなへなとゴザの上に崩れるように座り、からだを凍結させた。恐怖のあまり、全身が小刻みに震えている。大声をあげ、叫び、泣きたかった。プネーからインドから逃げ出したかった。

夜明けまで、わたしは身動き一つせず、ボックスを手にゴザの上で座っていた。気配たちはわいわいと、一晩中部屋をうごめき廻り、わたしに触れ、夜明けが近づくと一つずつ消えていった。

その翌朝か、翌々朝だったと思う。

明るい陽光の射す部屋でまどろんでいたわたしは、バルコニーの下でマラティ（プネーのあるマハラシュートラ州の方言）で騒いでいる男たちの声で眼を覚ました。何を言っているかはわからないが、どうやら、隣のホテルとの境にあるガジュマルの大木に、何十羽というカラスがきているのを指差して騒いでいるようだ。

隣のホテルはシャリマーという安宿で、わたしの部屋からは木々の枝葉ごしに屋根だけ見える。バルコニーに出てその木々を見ると、確かにものすごい数のカラスだった。下を見ると、騒いでいるのはレストランの料理人とベルボーイたちだった。ところが、そのうちの一人がわたしを目ざとく見つけて何やら小声で言うなり、全員競うように姿を消した。

わたしには理解できなかった。

ずっとあとになってインド人の知り合いから聞いたところによると、カラスは地方によっては悪霊を運ぶ鳥とされ、忌み嫌う人たちがいるのだそうで、どうやらグルモアの彼らもわたしがカラスを引き寄せたと騒いでいたらしい。カラスの群れはそれから二週間ほどいて、そのあとまた通常の二、三羽に戻った。プラティプラサヴとの因果関係は、わたしは知る由《よし》もない。

首を絞めているのは誰?

カラス騒ぎの日、アシュラム以外に休めるところはないと思い、ホテルの前でリクシャーを拾おうとした。しかし、珍しく一台もいない。仕方なく歩きだしたとき、わたしは急に嫌な気分になった。理由もないのに、不愉快な暴力的な怒りがからだ中に充満していく。近寄ってくる乞食《ベッガー》たちも、普段だったら「ごめん、通してね」と遠ざけるのに、蹴って殴って痛めつけたい、首を絞めたいような気になっている。

おかしい、こんなの自分じゃないと、わたしは通りかかったリクシャーを止め、アシュラムに向かった。

アシュラムの正門はそのときにはもう元の位置に戻っていて、例のハンサムな髭なしサントがガードに立っている。

門前でリクシャーから降り、なかに入ろうとしたとき、わたしは突然右回りにくるくる回りだした。アシュラムなんかに入りたくない、入るなよと耳元で何かが囁いている。入るなよ、入るなよ。サントはそれをじっと見ていた。そして、すっとわたしに近寄ると、「ＯＫ？」と言ってわたしの腕に触れた。掴んだのではない。軽く触れただけだ。だがサントに触れられて、わたしは急に放《はな》たれ、押されてつんのめるような格好になって門のなかへ転がりこんだ。

耳元の声は消えていた。だが、わたしはまだ自分が自分ではないと知っていた。

わたしは駆け出した。

ラクシュミのオフィスに向かっていた。構内の弟子たちが不審な顔でこっちを見ている。オフィスの前の石段のところでも、またからだが回ろうとした。わたしはよろめきながら、しかしものすごい勢いでオフィスに入っていった。ドアを肩で開けたそのとき、右手がすでに首にかかっているのを眼の隅で見た。右手の親指と他の指のあいだが大きく開き、わたしは自分の首を絞めようとしていた。

オフィスのなかでは、ラクシュミがアシスタント二人と何か話をしていた。自分の首を絞《し》めながら駆け入ったわたしを見て、アシスタントの二人はすぐ立ち上がった。わたしは、ヒィともキィエともつかぬ悲鳴をあげ、半ば泣きながらラクシュミを見た。そのあいだにも、右手の絞めはどんどん強くなっている。

ラクシュミは、あきれ顔で笑いだすアシスタントたちを手で制すると、デスクを廻って駆け寄り、「楽《リラックス》にして、楽《リラックス》にして」と言いながらわたしを壁よりのソファに仰向けに寝かせた。そして、「何も心配することはない」と言いながら、手をわたしの額に乗せ、眼をじっと見入った。
一、二分後、右手がふっとゆるみ、息が一度くっと詰まってから深い息をし、次の瞬間、わたしは自分に戻っていた。「息をして、深く息をして」ラクシュミが言った。わたしは大きくため息をつき、何回か深呼吸をした。そしてじっと視《み》つめているラクシュミに向かって、「戻りました《アイムバック》」と小声を出した。ラクシュミはにっこり首肯《うなず》いた。
立ちながら彼女は、「しばらくここで休んでいきなさい」と言い、デスクに戻った。二人のアシスタントは気になるようで、それからも、ちらちらわたしのほうを見ていたが、ラクシュミは完全に仕事に没頭していた。

この日、わたしがアシュラムから放り出されなかったのは不思議だとしか言えない。

普通、弟子であるかどうかは関係なく、アシュラムで異常な言動をとる者は容赦なく追い出される。普通にしていればけっして拒まれることはないが、自分をコントロールできなくなってヒステリックな状態に陥ったり（英語ではフリークアウトすると言う）、薬物によるトリップ、思いこみによるマインドトリップ、本物の精神障害などでおかしな言動をとったりすれば、まずガードのサントが門のなかに入れてくれない。

しかし、この日のわたしの異常な振る舞いは咎《とが》められなかった。

これ以降は、完全に正常とは言えないにしても、コントロールできないような異常事態には陥っていない。そして興味深いことに、ラクシュミを始め、サントや、ボディガードの赤毛のシバなど、本来ならヘンな振る舞いには敏感である人たちが、わたしがどこでどんなことに陥っても、黙ってただ見ていてくれた。

逃げる、どこへ？

同じ日、わたしはダルシャンに呼ばれた。

それから二週間ほどのあいだ、わたしはあらゆる口実で、二、三日おきにダルシャンに呼ばれている。今でこそ分かるが、おそらくわたしはかなり危険な状況にいたのだと思う。しかし本人は危険などという意識は念頭になく、日々の恐怖との闘いで精一杯で、早く終わってくれとそれだけを願っていた。

ダルシャンで、一種の魔除けなのか、水の使い方、オレンジ色のスカーフをかぶることなどを指示されたのはこの時期だ。

とくにスカーフの指示のとき、例によってぐいとからだを前に引っ張られたので見上げると、OSHOの前に座っていたのは大男の若い白人で、髭もじゃの上に長く伸ばした金髪を肩まで垂らしている。その若者に向かってOSHOは、外出するときにはかならずオレンジ色のスカーフをかぶるよう言ったものだから、ダルシャンの出席者は、わたしとラクシュミを除いて皆笑い転げた。

だがOSHOはあくまで真面目な顔つきで、ネガティヴなものから自分を護るために必要な手段だから必ず守るようにと言い、言われた男性は、それ以後しばらくスカーフをしてアシュラムに来ていたようだ。

あるダルシャンでは、ホテルでわたしの隣室に泊まっているOSHOの弟子が師に訴えていた。

「最近夜になるとどうも気持ちの悪い物音が聞えるんです。ベッドに入ってウトウトし始めると、バルコニーの付近に足音みたいな音がするような気がして、でも結局は寝てしまいますが、一、二度、胸を圧迫されたみたいに息苦しくなったこともあります。何か悪いことでも起こっているのでしょうか」

わたしはいつものように後方に座っていたが、聞きながら、このとき初めて、周囲の人たちまでがとばっちりを受けていることを知った。

わたしの周りに集まってくるヘンなモノたちの正体は判然としないが、恐らく、昇華も転生もできずに暗黒を彷徨しているモノたちが、このところわたしがずっと発散している過去の苦悩の重く暗いエネルギーに引き寄せられて集まっているのだろう。とくに、あの痺れて動けなくなった日以来、わたしは動くお化け屋敷みたいなものになっているのだ。

その弟子にＯＳＨＯは、ラクシュミに持ってこさせたハンカチーフのような白い布を与えた。そして夜、横になったら胸にそれをあてて寝るようにと指示した。わたしはほっとした。少なくともここに、状況を把握している人がいる。その人が、何を為すべきかを知っているかぎり、任せてじっと終わるのを待つほかはない。

また、わたしがＯＳＨＯの前に出なければならないダルシャンもあった。通訳として臨席するときである。幸い、当時はまだ日本人はあまりいなかったから、通訳に出るといってもわずかで、その夜はギータの通訳に入っていた。彼女がＯＳＨＯに何を言い、彼がなんと応えたかは、まったく記憶にない。ただ、ギータのダルシャンが終わったとき、ＯＳＨＯがわたしのほうを向いて言ったのだ。

「ナルタン、何か言いたいことはないかね」

わたしはうつむいて迷った末、顔を上げて彼に言った。

「逃げられたらいいと思います」

その席上、わたしが何を意味していたかを知っていたのは、師であるＯＳＨＯ以外誰もいなかったろう。彼は、厳しいというより探《さぐ》るような深い眼でわたしをしばらく見つめ、低い声でゆっくり言った。

「どこへだね？」

その通りだった。

自分から逃げ出すことはできなかった。

ＯＳＨＯのその言葉はその夜以来、現在に至るまで、わたしの存在の根源で常に響きつづける警鐘となった。当たり前すぎるほど当たり前な真理、自分からは逃げ出すことはできないと言葉では知りながら、それ以後もわたしはどれほど自分から逃げようとしたことか。

この「どこへ？」というひと言は、人間が自分と真正面から向き合うことの苦痛を知り尽くしている人が、それでもなお、「逃げるなよ」と言っていたのだった。

ダルシャンでひとときの安穏《あんのん》を得ても、ホテルに帰ると恐ろしい夜が待っている。日暮れ頃から、部屋は、シャワールームのライトを含めてありったけの電気を点《つ》けて明るくしておく。しかし、時間になると、バルコニーに不気味な到着の微音が聞こえ始め、彼らが部屋へ侵入してくる。眼を閉じていても気配で分かる。たいがい気配に加えて、呼びかける声や話し声、乗り物の音などがする。

クラクションと機関車の音をミックスさせたような轟音が、すぐ脇で、大きくなったり小さくなったりしながら一晩中つづくこともある。カタンコトンという物の落ちる音もするが、最初の頃のポルターガイスト風なのはもうまったく消えていた。あれはわたしの内側に発生源があって起こったものだ。ということは、今度のこれらはみな外からの訪問者なのだ。

わたしは、教わった通りに水を用意し、ボックスを持ち、ゴザの上で蓮華坐を組んで瞑想に入り一切身動きはしない。

それでもときどき、からだのなかに入られてしまうことがある。しかし慣れるにつれ、無害らしい大人しいのと危険なのとがいて、入られたときの感じが違うことが分かってきた。危険を感じるときには助けを求める。と、内側に声が聞こえ、具体的な指示がくる。

夜が更け、周りは寝静まって虫の声だけの平和な世界だというのに、その世界に居ながら、同時にわたしは、奇怪な住人たちの徘徊《はいかい》する次元に入りこんでいるのだった。毎夜、夜明けが待ちどおしかった。夜が明けると少なくとも彼らは一時的に消えてくれる。

四月に入ったある夜、わたしは階下のレストランで食事をし、部屋に帰るのが嫌なものだから、食事が終わってでも読むでもない本を開いたりしてぐずぐずしていた。隅のテーブルだった。

レストランの片側は四枚のガラス戸で、幅十五メートルほどの芝生の中庭に面している。わたしの部屋のバルコニーからは、その庭が真下に見下ろせる。

もう九時をすぎていたと思う。客はわたしのほかは男たち数人が一つのテーブルを占め、あとは宿泊客らしいカップルが一組いた記憶がある。ウエイターは、白髪の静かな初老の男とわたしと仲の良い（良かった）スンドラムという青年の二人だった。スンドラムも最近ではもうテーブルにお喋りに来ることもなく、それでも遠くから困ったような顔をして半笑いのあいさつだけはしてくれていた。

カップルが席を立ってしばらくしたとき、わたしは室内の灯りが、ちょうど人間の呼吸のリズムで明るくなったり暗くなったりしているのに気がついた。

ウエイターたちも気づいたらしい。不安そうな面持ちで天井を見上げ、わたしのほうを見て見ぬふりで気にしている。男たちは談笑をつづけていたが、今度はふっとレストラン全体が微かに暗くなった。

わたしは内心縮み上がった。

ここまで押し掛けている、わたしの部屋の外にまで、しかもまだ早い時間だ。どうしたらいいのかと自問しながら、わたしは何気なくガラス越しに庭のほうを見た、が、その瞬間、全身の血が凍りついた。

庭から、顔がレストランを覗《のぞ》いていた。

目鼻や眉、口もあるが、ミルク色の起伏のないのっぺりした顔。いわゆる恐い顔でも醜い顔でもない。のっぺりしているだけで皮膚感がまったくない顔が、左側のガラス戸の真ん中あたりから覗いているのだ。右側は、いつもの庭の風景だ。

顔はじっと室内を視つめていたが、眼がゆっくり動き、わたしの眼を捉《とら》えた。わたしの眼と合ったとき、上弦の月のような唇が閉じたまま端を上げ薄ら笑いした。わたしの呼吸は止まり、からだ中の関節が硬直して動かない。

わたしは眼を逸《そ》らした。男たちのほうを見、ウエイターの姿を求めた。しかし彼らは庭のほうを見ていないし、さっきと変らずお喋りしたり飲み食いしている。

錯覚だ。塀の蔦《つた》や隣地の木々の線が交叉して、眼の錯覚を起こしたにちがいないと、わたしはポケットのなかのボックスを握り締め、思い切ってもう一度庭のほうを向いた。

顔はまだこっちを見ていた。

どうしたらいいのだ、部屋に戻ったらあの顔は追い掛けてくるのだろうか。口のなかがからからに渇き、脚から力が抜けている。

それからどう部屋に戻ったのかはっきりした記憶がない。


その夜、わたしは何度も自分を失いかけた。

ふだんなら、あれは自分の精神状態が見させたパレイドリア（周囲の形象が顔に見える現象）だったくらいの分析ができたはずなのに、気力も体力も限界を越えていた。レストランでのパニックはなんとか抑えたものの、この時点のわたしには、もう冷静な視点も醒めたスタンスも自己分析もなかった。蓮華坐を組んで座っていても、意識が朦朧《もうろう》としてきて、叫びだしたい暴れまわりたい衝動にいても立ってもいられなくなる。一晩中、全身の震えが止まらなかった。

夜が明けても、わたしは動けずにいた。

もう、恐い、泣きたいといった感情すらなかった。早起きの鳥たちの声がしているな、と鈍った頭で思ったそのとき、内側で、「ゆっくり立ち上がって静かにカーテンを開けよ」という指示が聞こえた。わたしはその通りにした。

バルコニーの端には、すでに暑い一日を感じさせるぎらついた陽が射し始めている。昨夜のすべてがウソだったかのような、朝の清明な光がまぶしかった。

イッツ　オーヴァー

それから数日のうちに、夜の怪奇な訪問は波が引くように少なくなっていった。それと共にわたしの部屋にも平和が戻ってきたようだった。ようだったとしか言えないのは、その平和が本物なのかどうか、わたしには分からなかったからだ。暗くなるとわたしは依然びくびくと怯え、オレンジ色のスカーフとボックスを後生大事にしながら、消耗した顔をしてホテルとアシュラムを往復していた。

そしてそんなある朝、ヒンディー語の講話のあと、わたしはホール正面に向かって右側、ＯＳＨＯの居室の窓が見えるいつもの席で抱えた膝に頭を乗せ、眼を閉じて真夏の朝のひとときの静けさを楽しんでいた。

四月も半ばになっていた。

この静けさは本物なんだろうか、あれはもう終わったのだろうかと、ぼんやり考えていたとき、不意に、無言のメッセージが聞こえた。

「It is over. Enjoy and go on.（終わった。楽しんで、つづけるがいい）」

待ちに待ったメッセージだった。

閉じた眼から、生暖かい涙がいく筋か流れてきた。終わった、終わったのだ。

だから、また始められる。わたしは久しぶりに楽な気分でアシュラムの門を出た。

このプラティプラサヴというＯＳＨＯからの希有な恐い贈り物は、わたしにとって何だったのだろう？　わたしは長い間こう自分に問いかけてきた。

この不思議な体験によって得た最大の獲物は、勿論まず、わたしという人間が素晴らしく軽くなったことだが、同時に、人のいわゆる無意識と呼ばれている意識の層がどんなに広大な世界であるかを知ったことである。

自分の無意識のなかに蓄積されているもの、そのごく微小な一部を知ったにすぎないけれど、そのものすごさを自覚せざるを得ない状況に陥ったことで、わたしのその後は大きく変った。つまり、わたしの求めているものが何であれ、それを目指す『道』を進むためには、常に自分の無意識を探り、直面し、意識の光りをあてていくことが前提条件だと理解することができたのだ。

といっても、何もいつも過去生だの異次元との遭遇などという劇的な現象を追うのではない。日々の自分の思惟や行為や他者への反応、指向や癖などは、無意識世界の立派な入口になる。それに、そこに潜んでいるエゴという名の怪物を引きずりだす糸口にもなる。

もう一つ、頭脳がいくら疑惑や否定を叫んでも、そんな小粒の理性は受けつけない強烈さで、しかも独自の順序で次々と不可解な現象が起こったものだから、わたしの頭《マインド》の窓枠は木っ端微塵《こっぱみじん》になり、これ以後は仮枠しか作る気にならなくなった。そして開放的になり、ものごとのどんな可能性も、単純に二元的に否定も肯定もできなくなった。理知のみに頼る判断がどんなに矮小《わいしょう》で狭いかを、プラティプラサヴで身をもって知ったからだ。

プラティプラサヴがわたしに証明したことは、OSHOは、もはやたんに途轍もない知者として何かを教えてくれる教師ではなく、具体的に指導しうる覚醒者であり、文字通りの導師であることだった。

あの驚異の八週間は、明らかに、彼の指導と保護がなければ通過できなかった。そして、弟子として師から秘教の技《わざ》を受けたということは(わたしの知る限りでは他に同じ経験をした弟子は一人しかいない)、彼との師弟の関係を否応なく絶対的なものにした。必然的に、帰依ということが、要求も義務もなかったけれど、空気のように当然自然にできるようになっていった。

＊アストラル体投射
古来インドやヨーロッパの神秘主義では、人間のからだは物理的生理的身体にほぼ重なるようにしてエーテル体アストラル体その他通常には知覚しない身体があるとされ、ガス状のエーテル体は見える人も少なくないが、幽体ともいわれるアストラル体は不可視である。いわゆる体外離脱体験をするのはこのアストラル体であり、訓練によって意識的に空間移動（投射）できる。最近この現象の研究に従事する科学者たちが増えてきている。

＊覚醒夢体
これも一種の体外離脱。ひじょうに鮮明な夢、夢であると自覚できるような夢のなかで意識的に空間移動すること。これにたいしてアストラル体投射は覚醒時に行う。

＊ヨギ
ヨーガを実践して成就し、覚醒した者。

＊ムードラ
手指で組む印

＊サイ現象

物理的世界の認識から見て論理的な説明がつけられないような現象一般をさす。ＥＳＰ（感覚外知覚）、予知、超心理学等。現在、欧米の大学などで多く研究されている。

＊パタンジャリ

ＡＤ一五〇年頃の人。ラージャヨーガに代表される精神統一などの精神的技術を強調する学派の祖。マハーバーシュヤはそのヨーガ理論を科学的に解説した彼の書である。

第四章

人間玉ネギを剥《む》く ◎ グループセラピー

唯一の苦行は、すべてをあるがままに見ることだ。自分の幻想を幻想として見ることだ。
OSHO

荒掃除の後遺症

荒っぽい過去生掃除がようやく終了し、わたしは自分でも信じられないほどの軽さを感じていた。その軽さは体重ではなく存在の軽さのはずなのに、からだ自体が軽く感じられる。座っていても歩いていても、体内に新しく空間が現われたような、からだのなかのあちこちに小さな風船が浮いているような軽快感だ。跳ねるような歩き方をするねと、その頃よく人に言われた。

しかし強烈な体験は、終わったとしても、心のなかではそう簡単に区切りをつけられるものではない。いろいろなものを引きずる。

わたしは相変わらず不恰好なオレンジ色のスカーフをかぶり、ポケットにはかならずボックスを入れて歩いた。頭では終わったと知っていても、依然夜の暗やみにびくびくし、グルモアのレストランにはしばらく行けなかった。

ＯＳＨＯは一週間ほど後のダルシャンで、「体験したことを人と分かち合うといい」と言ってようやく話すことを容《ゆる》してくれた。それで早速まずギータに会った。

ギータは待ち兼ねていた。起きたことを全部話すことはとてもできないので、わたしはギータに関係している部分だけ話した。

意外にもギータには驚きや不信はいっさいなく、わたしの息子として虎に喰い殺されたという荒唐無稽に聞こえる件《くだ》りですら、

「わたし、子供のときから口の大きな人とか歯の大きな人は恐くて大嫌いだったけど、きっとそれから来てるんだね」と、まったく疑おうともしない。

精神世界の情報はこっちよりずっと詳しく、かえって解説してもらう始末だ。ギータがいちばん関心をもったのは、わたしとの関わりより何より、どうやってコトの全体が始まったのかということだった。しかしこればかりは、話したくても話しようがない。わたし自身まったく見当がつかなかったのだから。

人と分かち合うがいいと言われたから、この後ギータ以外にも数回体験を話すことを試みてみた。だが、こういう体験を整理して伝えることは至難の技で、煩わしくなったわたしは、しばらくして

分かち合いなどやめてしまった。

しかし、スカーフなんかよりずっとひどい後遺症が残った。

それは、わたしの言動につきまとうもったいぶった雰囲気という代物で、今でこそ笑えるが、当時、本人にはまったく見えていなかった。

そのもったいぶった雰囲気とは、プラティプラサヴが終わったあと現われた、一種秘密めかした気取りみたいなもので、わたしは自分が、かなり宗教的に出来上がったつもりになってしまったらしい。つまり、自分は二ヵ月もつづいたあの美しくも不気味な秘事を通過した人間、ちょっとした体験をしたちょっとした人間であるというわけだ。

現象が起こっている最中はそのリアリティーの強烈さに手も足も出なかったわたしのマインド、いやエゴが、すべて落ち着いて安全となってやおら鎌首をもたげ、おそまきながらカッコつけ始めたのだ。

その後遺症は恐らくわたしの言動すべてに現われていたのだろう。その時期のある午後、顔見知りの中国系アメリカ人のアロゥクとアシュラムの正門ですれ違ったとき、彼に、「きみはまだまだ毀《こわ》れる必要がある（まだまだ余計なものがある）」と言われ、むっとした記憶がある。こんなに出来上がった人間に何を言うかと、わたしはそのとき、「もう充分に毀してもらった（表面的なものは毀されて充分深くなった）」と応えたが、彼の眼には、わたしのもったいぶりは滑稽だったにちがいない。

わたしはこのとき、自分が『道』を、目指す道をまだ歩き始めてさえいないのに気づいていなかった。この後わたしはそのことをじっくり、いやじっくりどころではない、精神的な苦痛にのたうち回りながら思い知らされることになる。

知らぬがホトケの実験第一号

四月の終わり、真夏の息の詰まるような暑さのなか、三カ月近く暮らしたグルモアを出た。シュラーダという中年のインド女性の家に下宿するためだ。

喜び、驚き、恐怖と、密度の濃い日々をすごしたグルモアのあの部屋を去るとき、もう二度と戻ることはあるまいと名残惜しい気持ちもあったが、もともと感傷とは相性が悪いから長つづきはしなかった。次の曲がり角にはいったい何が待っているだろうという、好奇心のほうが強いのだ。

シュラーダはカーストはクシャトリア階級のＯＳＨＯの弟子で、零落したとはいえ屋敷は宏大だった。大理石をふんだんに使った邸宅の一階は人に貸し、常時ＯＳＨＯの弟子数人を下宿人としておいている。使用人も四、五人いる。屋敷はアシュラムまで歩いて十五分ほど、グルモアよりずっと近い。しかも家庭料理の三食付きで、レストランの食事にうんざりしていた身にはありがたい。プライバシーはホテルのようにはいかないが、ホテルより安上がりだった。

わたしは後遺症をゴタゴタと引きずりながらアシュラムに通い、瞑想に耽っていた。

ＯＳＨＯから講話を日本語に訳してみないかと提案されたのはこの時期だ。当時すでにバイリンガルだったからだが、わたし自身は翻訳通訳の類《たぐい》は大嫌いで、訳と名のつく仕事は避けてきた。そんな嫌いなことをしにインドまで来たんじゃないという抵抗があって、わたしはＯＳＨＯにイエスとは言ったものの、内心なんとか逃げてしまおうと思っていた（プラティプラサヴのようなことの後でも、直後のわたしはまだ自分のやり方を優先させていた。そのやり方が行き詰まって苦しくなったから彼を頼りにやって来たのに、都合次第でそんなことは忘れてしまうのだ）。

そんな五月の初め、わたしはダルシャンを受けた。

わたしは、ウワサに聞く「グループ」なるものをやらせてもらおうとＯＳＨＯに頼んでみるつもりだった。これで取りあえず翻訳から逃げられるとも思っていた。

「グループ」というのはグループセラピーのことで、経験豊かで有名な欧米のセラピストたちでＯＳＨＯの弟子になった人たちが、アシュラムで常時行なっていた。手法はすでに欧米で確立されていたゲシュタルトやプライマルセラピー、エンカウンター、サイコドラマなどという名の手法に加えて、アシュラム独特の手法も多くあった。セラピストたちは全員、一つひとつのセラピーに関してＯＳＨＯの指導を受けていた。ここを訪れる人によっては、ＯＳＨＯに入門しに来たというより、これらサイコセラピーに魅かれてやってくる人も大勢いた。

正直なところ、そのダルシャンに行ったときのわたしは、これらの基本的な知識すらなかった。

当然、サイコセラピーをグループでやるということがどんなことなのかも全く知らない。ただ、瞑想の合い間などで周りの人たち（そういえば全員欧米人だった）が、あのグループはすごかったとか、そのグループではこうだとか、今このグループをやっているなどとよく話しているのを聞いて、なんだか面白そうなことがあるらしいという、いとも単純で幼稚な発想からダルシャンに臨んだのだった。

いつものように「ハウ　アー　ユー、ナルタン？」で始めたＯＳＨＯは、わたしの恐れていたように、「翻訳は始めたかね？」と訊いてきた。わたしは「イエス、イエス」とウソをつき、ＯＳＨＯは勿論ウソと見抜いてにやりとし、わたしはわたしで見抜かれたことを知ってごまかし笑いをし、と、なんともあきれた弟子ぶりだ。

わたしはそれ以上翻訳の話題が発展しないように、「グループをやってみたいのですが」と言った。

するとＯＳＨＯは両眉をつり上げ、

「グループセラピーのような手法は東洋人には合わない。東洋には意識を高める手法として瞑想がある。グループセラピーは西洋的マインドの成長のためのものだ」と言った。

「欧米での生活は長いのですが。とくにアメリカでの」

わたしは食い下がった。ＯＳＨＯは「ふむ」とぎょろ眼で睨《にら》み、

「よろしい。それなら、エンカウンターをやってみなさい。言っておくが難しいぞ」

意気揚揚としてダルシャンから帰り、次の日早速オフィスで五月のエンカウンターグループに参

加を申し込んだ。月に一度、七日間のグループセラピーである。ねだったオモチャが簡単に手に入り、わたしは誰彼となく自慢したくなった。

「わたしねえ、エンカウンターやるんだ」

ところが、誰に話してもどうも反応が奇妙だった。ほとんどの人が同情の眼差しで見、憐れみと慰めの言葉をかけてくれる。

「そりゃ大変だ」「ひどいことになったなあ」「わあ、可哀想」「ティアサは怖いよお」

いったいどういうことなんだ。怖いったって相手は人間だろ。わたしは却《かえ》ってグループの始まるのが楽しみになった。まさに無知こそ蛮勇の源とはこのことだ。

ティアサというのは、エンカウンターグループを仕切るイギリス人のセラピストのことで、本名はポール・ロウ。この当時すでにラクシュミと並んでＯＳＨＯの一番弟子とも言われ、以前はロンドンで、同じセラピストの夫人とともにグループセラピーに新風を吹きこむ運動を起こして有名になった人だ。といっても、これは人づてに聞いた話で詳しいことは知らないし、姿も遠くから見たことがある程度だった。

あとで聞いたところによると、ＯＳＨＯは、日本人という西洋化された東洋人の成長に、はたしてどのくらいグループセラピーが有効であるか知るためにわたしを許可したらしい。ある意味では実験第一号とも言えるが、それまでに入門していた日本人たちが関心を示さなかったグループセラピーに、わたしが自ら志願したのだから、実験的なケースとはいえＯＳＨＯから強要された実験ではない。前にも述べたが、ＯＳＨＯとの師弟関係においては、古来からの伝統的な師の絶対性が基盤にありながら、そこには弟子に対するどんなかたちの強要強制もなかった。

これがグループ!?

グループの一日目がやってきた。

講話のあと、わたしは緊張し、胸をどきどきさせてグループルームの一つに入っていった。部屋は六十平方メートルほどの広さで、ドアと反対側の壁には、床から二メートル位のところから天井まで窓になっている。冷房が入っているらしいが、それでもまだかなり暑い。床一面マットレスが敷きつめられてあり、片すみに奇妙な物が雑然と置かれてあった。古びたテニスのラケット一つ、バットのような直径七、八センチの棒状の綿詰めらしいもの数本、くたびれた大型のピローが十個ほどだ。

人が集まってきた。いかにも場慣れしているふるまいの人たちが多い。知っている顔はなく、一人、眼鏡をかけた小柄な東洋顔の若い女性がいた。低い声のアメリカ英語で、隣に座った大柄の髭面《ひげづら》男と話している。やはり生《なま》の東洋人はわたしだけのようだ。インド人も中東系もいない。

ティアサが入ってきた。部屋の空気が一変した。だらけてシナシナしていた空気の粒子が、急にぴんと立った感じだった。

ティアサは窓の下の床にあぐらをかいて座った。紙を挟んだ木製のクリップを膝に置き、ゆっくりと周りを見回して、わたしたち全員に車座になって座るよう促した。それから紙を見ながら一人ひとりの氏名を確認した。中年の、穏やかな整った顔立ちの人だ。声は知的で静かだがよく通り、肩まで伸ばしたダークブロンドの髪はうしろで束ねてあった。

これが大勢の人にあれほど怖がられているセラピストかと、わたしは好奇心綯《な》い交《ま》ぜの戦々恐々といった眼で彼を見、輪になって座っている面々を見た。

いったい何が起こるのだろう。皆目見当がつかなかったが、何か訊かれたらこう応えようと、頭のなかで用意はしていた。そのときには、それがどんなにバカげたことだとも知らずに……

参加者は、わたしを入れて十三人、男のほうが一人多い。

「このグループは、珍しいほどラヴィング（愛情ゆたか）なグループだ。そして、こうしてきみたちがここに集ってきたのはけっして偶然などではない」

輪を見回しながらティアサが言った。みんなすぐぐったい表情になった。

「このグループがどう動いていくかは、すべてきみたち次第だ。わたしは手伝いをするにすぎない」

しばらく沈黙がつづいた。と、突然ティアサが、輪のなかの一人に向かって言い始めた。

「きみのなかには怒りに燃えているキラーがいる」

言われたのはブロンドの四角い顔の男だった。言われても男の口元の薄笑いは消えなかった。次にティアサは別の顔に向かって、

「きみは自分の暖かさを怖れて隠す必要はない」

中年のアーチスト風の男だ。ティアサは相手の反応を待たずに、感情は一切こめない淡々とした調子で一人ひとりつづけた。

「きみは美貌を鼻にかけている」「きみはここにいない」「きみはあまりにバラバラだ」「きみは誰かをひどく恨んでいる。両親だろう」

わたしは、自分はきっと素晴らしいことを言われるんじゃないか、きみは何か神秘的な体験をしたんだろう、だからそんなに瞑想的なんだ、とでも言われるにちがいないと思っていた。

わたしの番になった。わたしはもったいぶった微笑をティアサのほうに向けた。

「きみは頭でっかちの自惚《うぬぼ》れ屋だ」

ティアサはこう言って、すぐ次の人のほうを向いた。

頭にかっと血が昇り、逆にからだは凍りついたように硬くなって、わたしは下を向いた。自分で顔色が変ったのが分かった。侮辱だった。まさかこんな風に侮辱されようとは予想していなかった。あまりの恥ずかしさにしばらく顔を上げられなかった。部屋中の人に笑われているような気がした。

だが、そんなわたしの過剰な自意識にはおかまいなく、部屋のなかの状況はどんどん進んでいた。

ティアサのコメントに刺激された一人が、ティアサがやったように自分で輪の一人ひとりを指しながら、何か言い始めた（ティアサの刺激的なコメントは、まさにこんな何かを引き出すためのきっかけ作りだったのだと、あとで気がついた）。

わたしがようやく屈辱感を脇に追いやって顔を上げたとき、さっき日系の女性と話をしていた黒い髭もじゃの大男（ボーディと呼ばれていた）が、ドイツ訛りの英語で、

「きみは怖がっていると思う」と言っていた。言われた若い小柄な英国人の男（名前はダセン）は顔も上げず皮肉な乱暴な調子で、

「おまえが何を思おうが知ったこっちゃない」と言い、重ねて、

「おまえの気取った鬱病面《うつびょうづら》は見るのも嫌だ」

と吐き出すように言った。ふた言め毎に汚い罵り言葉が入ったひどい言葉遣いだった。

すかさず日系の女の子（名前はヴィーラ）が、「プロジェクション！」と叫び、ほとんど同時に誰かが「嫌いなのは奴が親父に似てるからだろ！」と大声を上げた。ダセンはいらいらと、「きまり文句はごめんだね。ティアサがいるんだから素人セラピストは要らない」と早口でそっぽを向いた。

そのときティアサが、「ダセン、恋人とケンカしたのか？」と、おだやかに訊いた。「先週別れました」とダセン。それを聞いてみんなどっと笑いだした。屈辱に傷ついてからだを硬くしていたわたしですら、思わず笑っていた。

だが、ダセンは笑われて激怒した。彼は立ち上がり、上着を素早く脱いで床に激しく投げつけた。

誰でも何かひとこと言ったら飛びかかっていきそうな剣幕だった。わたしはびっくりしてティアサを見、周りを見た。何人かが、さっと壁寄りに後ずさりした。だが顔には、にやにや笑いが残っている。ティアサもゆっくり壁まで退いたのを見て、わたしも、何がなんだか解らないまま壁に背をつけた。隅のがらくたの近くにいた、さっきティアサに暖かさを隠すなと言われた中年の英国人(アニケッタ)が、おんぼろテニスラケットをダセンの足元に投げた。

ダセンはそれを拾うと、ぎゃぁーというような叫び声を出して、床を激しく叩き始めたかと思うとすぐ部屋をすっ跳んで横切り、ドア近い壁をめちゃめちゃに打ちだした。誰も何も言わず、ティアサもとめなかった。わたしには理解できなかった。

数分後、エネルギーを使い果したダセンはドアの前の床に伸びてしまった。すると、その近くにいた白っぽいブロンドで強烈な斜視の北欧女性(たしか名前はデヴァダシだったと思う)が、自然な動作でダセンにすり寄ると、そのからだを優しくマッサージし始めた。それを見ていたブルネットの重厚な美貌のドイツ人女性(名前を忘れたので以下美女と呼ぶ)もダセンに近寄り、頭から肩を撫でてやる。誰もひと言も発しなかった。

「グループが本格的に進む前に、断っておきたいことがある」

ティアサの声にわたしは我にかえった。

「まず、朝のダイナミック瞑想と講話には必ず出ること。何をしていても、わたしがストップをかけたら必ずやめること。そして、どんなに腹が立ってもわたしのからだには触れないでほしい」

わたしは半ば呆然としてそれを聞いていた。
グループって、一体なんだ？

インスタントミニ辞書

さて、ここで「グループが本格的に進む前に」、もうすでに出てきたカタカナ言葉やこれからも頻繁に出そうな言葉の説明しておきたい。必ずしもセラピー用語ではないが、広義の心理学用語とでも考えられる言葉で、英語圏では日常的に使われている。

まずトリップ、これは狭義ではドラッグを摂ったときの反応を表現する言葉だが、通常はパワートリップ、エゴトリップ等、主に思い込み、執着、願望、指向などで陥る精神および行動の状態を指す。たとえば、威張り散らす社長や上司や役人が、金力や地位を背景に高慢な態度をとるのはパワートリップしているからだし（日本ではパワーハラスメントという言葉が使われている）、自分に幻想を抱いてイメージし、本物ではないのにそのように振る舞うのがセラピストトリップやグルトリップになる。

次にプロジェクション。正確にはセルフプロジェクトすること。つまり自己投影、無意識に自分を他者に投影することだ。これはもともと心理学用語で、自分の認めたくない否定的性向《せいこう》を他者に投影するということだが、広義では自己投影すべてに使える。ミラーリングは他者が鏡になって自分が映し出され、それによって気づきが起こる過程だが、自己投影するときには本人は投影に気づいていない。たとえば疑いぶかい人が誰かに、「あいつがそんなこと信じるものか」などと言ったら自己投影《プロジェクション》だし、他人《ひと》の振り見て我が身を直せなどは、ミラーリングの一種だと言える。

それから条件づけ。これも心理学用語で、生活のなかで条件づけられる反応様式のことだが、一般的には、人が文化、宗教、教育、職業、家庭環境、社会環境など、生得以外のものによって植えつけられた思考や行動パターン、刷り込みを指す。たとえば「女だから、男だから」と何にでも性差をつける、すぐお辞儀する、年令にこだわる、小走りに走る、人の眼を気にする等々は、日本人の持つ条件づけである。条件づけは人間生活のほとんどのレベルに見られ、一種の約束事として潤滑油にもなるから必ずしも否定的に捉える必要はないが、人本来の資質ではないから、気づいていないとそれで自分や他者を束縛していることが多い。そして精神的成長を求める過程では邪魔になる。

最後にサック、あるいはサック屋。サックは吸う、吸い取る、サック屋は吸い取る人。自分は何もさし出さずに、他者《ひと》のエネルギーその他をただ吸い取って返さないこと、またはそういう人。意識的にしているわけではないだろうが、そんな人と長く一緒にいるとひどく疲労するし、虚脱感を覚える。

わたしは絶望的ケースかも

第一日めの午後のエンカウンターグループがどうだったかは、あまり記憶にない。というのも、わたしは午前中の展開に完全に混乱し動揺し落ちこんでいて、からだこそ部屋にいたが、本当にみんなと一緒にそこに居なかったからだ。それは皆感じていたのだろう、わたしは徹底的に無視された。そのことにまた屈辱感を覚えながら、だからといってどうしていいのか判らなかった。

二日め、相変わらず、誰もわたしには話しかけない。ティアサも、「ハロー」とあいさつしたわたしには眼もくれず、まるで皆で相談でもしたのかと思いたくなるほど、わたしは存在しなかった。誰かが、昨日一人、グループからドロップアウトしたらしいと言っていた。次はわたしなんだろうか……

わたしたちは、壁に寄りかかるような変形な輪を作って座っていた。これは、誰かの何かの動きで崩れるまで、グループの定番のかたちだった。

今、輪の真ん中、ティアサと差し向かいの位置にいるのは、イタリア系らしい黒髪の太った若い女性で(名前はプリヤ)、両親との問題を身振りつきで饒舌に話している。しかしどうも実感がない。言葉が表面だけを流れていっている感じだ。そう感じたのはわたしだけではないらしく、ボーディはあくびをしてそっぽを向き、ダセンは寝っ転がり、ヴィーラは眼鏡を拭いている。

そのうち、見事な金髪の、背の高いモデルのような細い女性（国籍不明、名前も記憶にないので

モデルと呼ぶ）が癖のある英語で、

「あんたお喋りやめなさいよ。サックしてるだけじゃないの」

と早口で言った。それがきっかけになって、

「そうだ、そうだ。きみはコンプレックスの塊なのにそれを喋りでごまかしている」とボーディが言えば、アニケッタが「きみがそこに座って何をしたいのか解らない」と言い、ブルーというニックネームのドイツ系のひょろ長い若者も、どもりながら、「声にエネルギーがない」と言ったが、すぐさまダセンから「プロジェクション！」がかかって引っ込んだ。

次から次へと周り中から厳しい言葉が彼女に投げつけられる。批判の洪水を浴びるなかで、プリヤも負けずに応戦している。何も言わないのは、英語は下手だが超ハンサムなイタリア男ダニーと、ティアサに内側にキラーがいると言われた薄笑い金髪男、そしてわたしの三人だけだ。わたしは、よってたかって皆で一人をやっつけるなんて卑怯だと思っていたが、口には出さなかった。

しかし、プリヤはなぜか集中砲火を浴びて、さっきより元気になったように見えた。と、そのとき、ずっと眼を閉じていたティアサが眼を開けてプリヤに向かい、

「おめでとう。みんなきみの思う壺にはまって注目してくれたね」

と言った。そして、黙ってしまったみんなを見回し、

「サック屋だと見抜きながら、みんなして攻撃というハイエネルギーのご馳走をおごったわけだ」

それからふたたびプリヤを見据えて、

「そこに座ったとき、きみは物欲しげで半分死んでいた。そしてみんながこぞって批判し始めたら生き生きしてきた。これはおそらく、きみが子供のとき、自分を護るため、生き延びるために憶えた自己防御のかたちだろう。攻撃というかたちを通してであれ、何を通してであれ、人から注目されることで生気を得る、それがきみのパターンだ。自分は何も与えず、他からエネルギーを奪いとるというゲームだ」

プリヤの表情は、わたしの席からは見えなかった。しかし、ティアサの言葉のひと言ひと言が、彼女の全身を突き刺しているかのように、からだがぴくついていた。

「奪うだけというのは、愛においてもそうなってしまう。恋人の、友人の、家族の愛を、自分は愛さずに奪うだけになる。このパターンは、意図的というより機械的な悪癖の繰り返しのようなものだ。今が気づきのチャンスだよ」

ティアサの声はあくまで静かだった。

後ろ姿からも、プリヤが顔を上げたまま、ティアサを見つめたまま泣いているのが分かった。モデルとデヴァダシも自分の涙をぬぐっている。部屋のなかの空気は、プリヤ総攻撃のときとは異なって、ほっと肩で息ができるようになっていた。

ティアサがにんまりした。プリヤは自分の席に戻った。モデルがティッシュの箱を差し出し、隣のボーディの長い腕が、鼻をかむ彼女を横から抱いた。

プリヤの顔がわたしのいる所からもようやく見えた。その顔を見てわたしはあれ?と思った。ずいぶん違っている。さっき輪の真ん中に出ていく前の顔から、何かがはぎ取られたような顔だった。裸の顔、表面の余計な付け足しがなくなった顔になっている。

わたしはプリヤの顔を見て怖《お》じけづいた。

この部屋のなかでは、たとえ意図的でなくとも、表面的なごまかしや取り繕い、カッコづけやきれいごとは通じないらしい。その人の素っ裸の素顔、余計な化粧のない顔しか通じないのだ。自分がこうだとイメージしている自分がもし本物の自分でなかったら、わたしに感じ取れるように、みんなにも感じ取られてしまうのだ。

みんなの眼が、とくにティアサの眼が怖くなった。

わたしは内臓が縮んでいくような怖さを感じていた。ホテルグルモアの部屋で夜ごと味わった恐怖とは質的に違う恐怖感だった。怪奇現象への恐怖はあくまでも外側で起こることへの怖れだが、今感じているのは、自分の内側の暗部に対して覚える怖れだった。

長い間わたしは、傷つくのが辛いので、本来の自分や感じる怒りを抑圧して、どんどん内側奥深くに追いやって隠してきた。それは知っている。それが苦しくて、自分らしさを取り戻し、その自分が真に求めている何かを解明しようとインドまで来たはずだ。

ところが……気がつくと、内側全体が曖昧模糊《あいまいもこ》とした暗やみになっていて、もう何が真の自分で何が虚構なのか、ごちゃ混ぜになって判らなくなっている。無意識層とはすでに出会っているから、その広大無辺な世界とはなんとかアクセスできる。しかし表層意識の上で、本来の自分とつくられてきた自分とがどう絡み合っているかは、出会ってみないことには判らないのだ。

その判らないということ自体が不安だった。裸になって虚構の皮をひっ剥がされるのは怖い、恐ろしい。それに、皮が剥がれるというのはとんでもなく痛いにちがいない。

ティアサに「頭でっかちの自惚れ屋」といわれたときのあの痛み。きっとそれが真実だったからあれほど痛かったのにちがいない。口惜しいが頭でっかちはその通りだし、プラティプラサヴのあと、自分を特別視して勿体つけていたのは確かに自惚れだ。真実は苦いどころじゃない、とんでもなく痛そうだ。

OSHOがいつか講話で言っていた「わたしのここでの仕事は、まず第一におまえたちに麻酔なしの外科手術を施すことだ」という言辞の意味が、やっと実感をもって理解できた気がした。自分のなかの余計なものを剥ぎ取らないかぎり、何も始まらないということなのだ。

わたしはプリヤの顔を、複雑な気持ちで見つづけた。エンカウンター（出会いの意）とは、人との出会いだけではなく、自分との出会いも意味していたのだった。

美女とアニケッタが、同時に輪の真ん中に出ようとした。

輪の真ん中に出るということは、グループとティアサに助けられながら自分と出会いたい、その勇気があると意志表示することだ。二日めにして、ようやくわたしにもそれが分かってきた。しかしわたしにはまだそんな勇気はなかった。

アニケッタは美女を見ると、手でお先にどうぞという仕草をして引っ込んだ。すかさず、「英国紳士の拭いがたい条件づけ！」とボーディが揶揄を飛ばしなごやかな笑いが起こった。

「何をしたい？」ティアサの問いに美女は、

「ここの一人ひとりに自分の感じることを伝えたい」と言った。

すると、「したいんなら、始めりゃいいだろ。先生さまの許可なんか取らずにさ」とダセンが言い放ち、美女は
「その通りね。わたしはいつも誰かからいいと承諾されないと不安になる。自分を信用してないのかも」と素直に認めた。

「かも？」とティアサ。

「あ、わたしは自分を信用していません」

美女は直ちに自分の曖昧さを訂正した。

美女はまずダセンの前に行った。ダセンは、投げ出していた脚を引っ込めようともしない。わたしはその、他者《ひと》の言動に左右されない彼の在りざまに感心し、同時に反発した。

ダセンを皮切りに美女と一人ひとりのやりとりが始まった。内容は憶えていない。だがここでも、プリヤのときとは違ったかたちでホンモノしか通じなかった。

それは気味悪いほどだっだ。独りよがりの言辞や決まり文句は勿論のこと、頭だけで考えたリア

リティーのない言葉や、日常生活のなかでは聞き過ごされるような些細なごまかしや曖昧さも、この空間のなかでは不思議なほどはっきり見えてしまう。

わたしはますます怖くなった。

美女がわたしの前に来た。わたしは何を言われるだろうかと、からだを硬くした。バカげた自己幻想はさすがになく、どんなひどい言葉にでも耳を傾けるつもりだった。ところが、信じられないことに、美女はちらと見ただけで、わたしを完全に無視して隣のダニーの前に行ってしまったのだ。ティアサの言葉で味わった屈辱感や痛みは、それが自分の虚飾の一部だったと認められたから、なんとか受け入れることができた。しかしこの侮辱はひど過ぎる。わたしのどこが気に入らないんだと、怒気とともに口まで出かかった言葉を、わたしはぐっと抑えた。つまらない礼節が邪魔をした。相手はもうダニーと話している、今こんなことを言ったら失礼だというわけだ。わたしは機を逸した。

わたしは今にも爆発しそうな怒りと屈辱感を抱え、じっと下を向いていた。何も聞こえなかった。からだが熱く、小刻みに震えていた。

美女が終わったらしい。

わたしは意を決して顔を上げ、彼女を睨みつけると押し殺した声を出した。

「なぜわたしには何も言わなかったの?」

部屋中がわたしに注目した。グループが始まってから初めて口をきいたのだ。美女は不機嫌な表情で応えた。

「あなたには、なんのエネルギーも感じないから」

それを聞いてわたしは思わず両手を握りしめた。が、口から出てきたのは「そう、なら仕方がない」で、口調すら変わっていなかった。

そのときティアサが言った。

「きみは怒りで煮えたぎっているのに、クールな振りをしている」

それが合図だったかのように、からかいの洪水が襲いかかった。

「なんでここにいるのか解らないよ」「その醜いスカーフ、なんのつもり」「逃げ出せ、逃げ出せ」「自分だけ精神的に高級だと思ってるんだ」「フィーリングってものがないのかい」「もう無心なんだってさ」「感情の栄養失調なのよ」「その顔は顔じゃない、お面だね」「抑圧のかたまりだ」「グループに何しに来たの」等等々。

言葉はわたしの頭上を飛びかっていた。その間、わたしはまばたきもせずからだを硬くしたまま、仮死状態のようになってただ斜め下を見ていた。何も感じなかった。自分がまったく無表情になっているのも分かっていた。

あとになれば、みんなはこうやって注目し刺激することで、わたしが動きだすための後押しをしてくれていたのだった。しかしこのときにはわたしは、長年慣れた、緊急時感覚断絶という防御のパターンから脱出することはできなかった。

わたしは頑《かたく》なにこう言った。

「誰もわたしを挑発することなんかできない」

輪のあちこちからブーイングが起こった。

「こいつは絶望的なケースだ」ダセンが言っていた。

ティアサの外科手術

三日め、遅れぎみにグループルームに降りていきながら、わたしはドロップアウトすることを考えていた。前の晩はほとんど眠っていない。なんでこんな目に合わなきゃならないんだと、エゴが悲鳴をあげている。逃げ出そうか、おっしゃる通り東洋人にグループは合いませんでしたとOSHOに言って、日々の安穏な瞑想に戻ろうか……

しかしどう口実を作ろうが、要は東洋人云々の問題ではなく、わたし自身の問題だった。

やっぱり自分からは逃げられないかと自嘲し、わたしはあきらめて部屋に入っていった。嫌でぐずぐずしていたものだから、わたしが最後だった。もう何かが始まっていた。

ボーディが真ん中でうずくまって泣いている。その脇にティアサが立ち膝をして、ボーディの首のうしろに手をあてていた。わたしがそっとドア近くに座ったとき、ティアサはじろりとわたしを見て、低いが鋭い声で言った。

「自分が何もできないのは構わないが、人の邪魔までするな！　こんど遅れたら部屋に入ってこなくていい」

真正面から竹刀《しない》で力いっぱい打ち据えられたような気がした。恥ずかしさで全身から血の気がなくなり、わたしは凍りついた。だが眼だけは極度の怒りに痛いほど大きく見開いて、ティアサを凝視した。

なぜわたしをここまで辱《はずか》しめる必要がある。ひどいじゃないか。これまで他の人が遅れて入ってきたとき、何も言わなかったじゃないか。

怒りに恨みが混ざっていた。部屋のなかは静かだったが、わたしの内側の嵐は昨日以上に荒れ狂っていた。

ティアサはかなり長いあいだ、小声でボーディに問うたり呼吸やからだの向きを指示したりした。誰もひと言も発しないし、じっと目前の二人を見つめるだけで身動きすらしない。部屋中に、手に触れられそうな強いエネルギーが充満している。わたしも次第にそのなかに引き込まれていった。

ボーディは、両膝を曲げ、大きな体躯《たいく》を縮めて髭もじゃの顔をぐしゃぐしゃにして涙にくれている。時折、「ヤだ、ヤだ」とか細い悲鳴のような声を出す。どうやら、子供の頃の苦痛に満ちた体験を再体験しているようだと、ど素人のわたしにも漠然と察しがついた。

そしてみんなも暗黙の了解のもと、無言で彼を支援しているのだった。わたしも、半ば自分の怒りに揺さぶられながら、中途半端な参加をしていた。

ティアサが立ち上がり、ボーディを壁ぎわに誘導してから振り向くと言った。

「女性のヘルプがほしい。最愛の人に触れるつもりで彼に触れてあげなさい」

すぐデヴァダシと美女が立ち、ヴィーラ、プリヤ、モデルとつづいた。わたしもからだが半分立ちかけたが、それ以上は動かなかった。正直なところ、内心血みどろ状態で人のヘルプどころじゃなかったのだ。わたし以外の女性たちは横たわったボーディを囲み、優しく触れ、撫でている。男たちとわたしは、それを黙って見ていた。

イケメンのダニーがぽつりとカタ言で言った。「ワタシモホシイ」

たちまちブーイングが起こった。ダセンがわたしのほうを向いて挑発的な声をかけた。

「あんた、女じゃなかったの?」

わたしは睨み返しただけで何も言わない、というより、言えないでいた。そのときティアサがわたしではなく、ダセンを見ながら言った。

「彼女は要らない」

とうとうわたしのなかの何かが炸裂した。

わたしは立ち上がった。男たちの見守るなか、部屋の真ん中、ティアサの前に座った。ティアサはにこりともせず、わたしのほうを見向きもしない。

「わたしのなかには怒りがあります」

わたしは思い切って言った。

「なんとかしなければならないと思います」

誰かがくすくす笑っている。

「そんなことと言うより何したいんだ？」アニケッタが訊いてきた。

「この怒りをなんとかコントロールしたい」わたしは応えた。

「うえーっ」と、あきれかえって転がったのはダセンのようだ。

ティアサが唐突に立ち上がった。そして部屋の隅からテニスのラケットとピローを持ってくると、ピローをわたしの前に放り投げ、

「コントロールだかなんだか知らないが、何かしたいんだろう。これでピローを思いっきり打ちのめしてみたらどうだ」

と、わたしの手にラケットを押しこんだ。わたしはラケットを両手にもち、立ち膝になってピローを見た。

二回、三回、四回、とわたしはラケットでピローを打った。

何回めかのとき、うんざりしたようなティアサの声が聞こえた。

「この御婦人は、枕の叩き方も知らないようだ」

誰も笑わなかった。いつの間にか、ボーディも起きている。ティアサはみんなに向かって言った。

「少し早いがランチにしよう。午後は定時に始める」

そしてわたしを見おろし、

「ほんとにグループで何か得たいんなら、昼休みのあいだ、ずっとピローを打ちつづけるがいい」

と冷たく言い放つや、さっさと部屋を出ていった。わたしは顔を上げられず、泣きたくても涙も出ず、じっとピローを見つめた。

ティアサにつづいて、みんなも部屋を出た。互いに小声で言葉を交わしはしても、誰もわたしに声はかけなかった。

独りになっても、しばらくわたしはピローを見つめつづけていた。それから、今度は必死になって大声を上げ、ラケットを頭のうしろまで振りかぶり、猛烈な勢いでピローを打ち始めた。コノヤロー、あのオヤジ野郎、あのバカムスメども、バカバカバカ……

腕が痛くなり、ラケットを放した。部屋はひっそりとしていて、空調の音しか聞こえない。突然涙があふれてきた。わたしはそれまで叩いていたピローにしがみつき、声を出して泣いた。泣くのには慣れていなかった。だから声を出してといってもしくしく程度のことで、あとはただ自分のみじめな状態を思い、また起き上がってラケットを握った。あの野郎め、チクショウ、こんチクショウ……

泣いたり打ったり、ぼんやりしたり、また打ったり泣いたり、どれくらい時間が経ったのか判らない。

ぐったりして、ラケットを持ったままぼんやりしていたときだった。背後のドアが開いて、誰かが入ってきた。その瞬間、わたしの内部で、あ、いけない、言われたことをやってないのを見つかっちゃったという罪悪感が走り、わたしは急いでラケットを握り直した。しかしそのとき声がした。見るとダセンだった。

「そんなことをして何になると思ってんだ」

「だって、やれって言われたから」

「偉《えら》い人に言われたからやるのか。きみ自身はどうなんだよ？」

「わたし自身はどうって？」

「きみはピロー打ちをやりたいのかって訊いてんだよ」

「やりたくない、こんなこと」

「じゃ、やめろよ」

「でも言われたんだもの、ティアサに」

「いい加減にしろ、このアホ女！」

ダセンが大声を出したそのとき、わたしは不意に、自分のなかの深い条件づけに気がついた。上の人に言われたことだから、やりたくないけど仕方ないじゃない……　言われたのにやってないのを人に見られた……　どう思われるだろう……　見つかった罪悪感……

わたしは突然げらげら笑い出した。

そうか、そうだったのか。いくら海外での生活が長くったって、十代半ばまでに肌に染みついてしまったものはたくさんあるんだ。

ラケットを放り出して、わたしはピローの上に乗っかった。

「コノヤロ、コノヤロ、コノヤロメ、バカバカシクッテ、ヤッチャラレナイヨ」と、即席コノヤロ節《ぶし》を口づさみ、ピローの上でぴょんぴょん跳ね、ダセンに、

「わかったよ、ニホンジンだったんだ、わたし」と言った。

「怒りはどうなったんだよ、コントロールしたい怒りは」

「どっか行っちゃったんじゃないの」

「勝手にしろ。ところでさ、どでもいいけど、そのスカーフなんとかなんねえの」

「大きなお世話だろ。あんたのティアサトリップはもう沢山だ！」

言うなり、わたしは頭のスカーフをむしり取り、ダセンに力いっぱい投げつけた。

うしろのほうでパチパチと何人かの手を叩く音がした。はっとして振り向くと、半分以上の人が戻ってきていて、こっそりわたしたちのやりとりを見ていたらしい。驚いたことにティアサまでが、笑顔で壁に寄りかかっていた。わたしはびっくりして口を開け、みんなを見回した。その間のぬけた顔つきがおかしかったのか、笑い声が起こった。

こうして、まったく予期しないかたちで、わたしはグループのなかに入っていった。

いつもの席に座ったティアサがにこやかに訊いた。

「今どんな感じがする?」

「あなたをひどく怒って恨んでいたのに、ずっとあった重苦しさがウソのようにありません。今は、初めてここに本当にいる感じです」

ティアサは、「日本人は未経験だった。途中逃げられるかなと思ったが、きみは言葉にも不自由してないし、かなり外国が長そうだから大丈夫だろうと思った」と言い、それを聞いたわたしは、初めて名うてのセラピストの冷徹なすごさを感じた。

ティアサは長い間、東洋人に特に強い条件づけは「面子と恥《めんつ》」と「上下関係」ではないかと思っていたそうだ。だから彼は、あらゆる機会を捉えてわたしの面子を傷つけ毀すことをした。そうとは知らなかっただろうが、みんなもほんとにうまく手伝っていた。その上わたしは、感情を表現しないことで自分を守ろうとしていた。が、この、感情を表さないというのはべつに東洋人に限られた条件づけではない。あらゆる文化に見られる抑圧だ。

ティアサに次々とカオが立たない思いをさせられ、わたしは怒りと恨みで爆発寸前だった。そしてとうとう面子《プライド》を捨てて前に出てきたわたしにティアサは最後のとどめを刺し、加えて立場を利用してピロー叩きを命じた。そうすることで、わたしがもう一つの条件づけをどこまで破れるかを試したのだった。

苦痛だらけで、しかもスローモーションのように長い二日半だった。でも逃げ出さなくて良かった。逃げていたら、どこに行ってもティアサの冷たい眼につき纏《まと》われていたにちがいない。だが、楽にはなってもまだまだ怖い。少なくともわたしのグループは今始まったばかりなのだ。ホンモノの自分に気づいていくために、これからも痛い皮を何枚も剥がされなければならないのだ。

米国の詩人で作家のC・サンドバーグは、人生は玉ネギのようなものだと言ったが、わたしは敢《あ》えて、人間そのものこそ玉ネギのようなものだと言いたい。ただ、皮を剥《む》くことによって涙が出るところはまったく同じだ。

ブルーとアニケッタ

四日めの午後。

モデルが前に出た。だが、言葉はすべて、彼女の頭から出てきていた。頭から出てくる言葉は頭にしか伝わらない。ハートから出てくる言葉や、その人の存在そのものから出てくる言動は、聞く側のハートや存在に呼応する。わたしにもそれがわかり、感じられるようになっていた。そしてわたしにそう感じられるということは、全員そう感じているということだ。個人でなく、グループになって行なうセラピーの意味はここにある。参加者が全員鏡になって互いに反映し合い、強烈なミラーリングが起こるのだ。

モデルは、OSHOのムンバイ時代に入門した古い弟子だった。そのことに優越感をもっているらしい。その優越感のほうが、彼女がしきりに訴えている内面的問題よりも明瞭に伝わってくる。

ダセンはとうに寝っ転がり、あの優しいデヴァダシですら膝小僧を抱えて頭を乗せてしまった。プリヤがとうとう我慢できなくなったのか、モデルの斜め前に出てきて一語一動を真似し始めた。アニケッタは「どっちもどっちだ」とげんなりした声を出し、ヴィーラが、

「時間のムダはやめなよ」と力なく呼びかけた。

ティアサはと言えば、さっきから奇妙なことをしていた。モデルにも他の人たちの反応にも関心を見せず、いつもの胡坐《あぐら》でなく片膝を立てて、じっと輪のなかの一人に注目しているのだ。ブルーだった。

ブルーは、明日五日めの夜に行なわれるこのグループのためのダルシャンでOSHO門下に入ることになっている。これまで時折こわごわ発言しているが、わたしが受けたほど手厳しい扱いは受けていない。彼とわたしの二人にキラーとダニーを加えた四人が、グループは初めてだった。ダニーは存在感はある人だが、なにしろ英語力が致命的に低くて言葉という手段が使えない。それでもドロップアウトせずにいる。ブルーはなんとかグループに入りこもうと努力しているが、怖がっているのが分かる。

そのブルーがぎらついた狂暴とも見える眼をして、どうも落ち着かないらしい。

しかし、輪の真ん中に出ていく勇気もチャンスも掴めないでいるのだろう。確かに輪の中心に誰かがいたら、その人も何かを求めている徴《しるし》だから尊重したいと誰でも思う。ブルーも礼節に邪魔されているようだった。

突如ティアサの声がブルーにかかった。

「ムーヴ!（動け）」

その瞬間、ブルーがつんのめるようにして前に進み、立ったままモデルに、

「おまえの嫌らしいスピーチなんか聞きたくない!」

と金切り声をあげた。それからダセンの前に行って
「大嫌いだ、おまえなんか大嫌いだ!」と喚《わめ》いた。

ダセンは素早く起き上がったが、ブルーの動きのほうが早かった。ボーディを指さしブルーは叫んだ。

「気に入らない!　おまえはほんとに気に入らない!　勿体ぶって何でも分かったような顔しやがって!」

ボーディは眼を丸くした。ブルーの次の攻撃はダニーだった。

「おまえみたいなバカなにやけたイタ公は、ＯＳＨＯの弟子になる資格はない!」（ダニーも明日入門する予定だった。）

キラーは「おまえは残酷だ、臆病なくせして残酷なゲス野郎だ」と言われ、顔色を変えて立ち上がった。ティアサの「座っていろ!」という声がかからなかったら、キラーはブルーに飛びかかっていただろう。

ブルーはティアサの声を聞くと、自分に言われたと勘違いしたのか座りこみ、肩でハアハアと息

をしていたが、崩れるように泣きだした。

わたしたちは全員あっけにとられていた。

ブルーのこの突然の爆発の真意を読めたのは、ティアサだけだった。ティアサはしばらくブルーの泣くままにさせておいたが（モデルは知らないまに席に戻っていた）、ヴィーラの差し出したティッシュで音を立てて鼻をかみ始めたブルーに、鋭く言った。

「自分をごまかしても得にはならない。きみは何を怖れている？」

ブルーはからだを硬くして顔を上げた。その顔にティアサは、

「誰だね、このなかできみが一番怖れているのは？　きみが罵声をあげて自分をごまかそうとしたほど避けたいのは誰なんだ？　誰がきみの最大の恐怖の元を思い起こさせる？」

ブルーはそのとき微かに震えていたような気がする。

ティアサはアニケッタのほうを向いた。

「ちょっと前に出てくれないか」

それを聞いたブルーは「おぉ、ノー」と小声で言って下を向いてしまった。アニケッタはブルーが攻撃しなかった唯一の男性だ。ティアサは彼をブルーの前に座らせた。ブルーは途方にくれた少年のような半泣きの顔になり、アニケッタもどうしていいのか判らないでいる。しばらく何も起こらず居心地の悪い時間が過ぎた。ティアサはセットアップをしただけで、あとは知らんぷりだ。

不意にアニケッタがブルーに、

「わたしと闘いたいか?」と訊いた。

ブルーはぎくっとしただけで返事をしない。アニケッタは立って綿バットを二本取ってきた。そして一本をブルーに渡そうとしたとき、ブルーが猛烈な勢いでアニケッタに飛びかかった。倒れたアニケッタにブルーはなおも殴《なぐ》りかかる。アニケッタは、怯《ひる》んだのは一瞬ですぐにブルーの手首を掴み、その脚を払った。工芸家のアニケッタの、太くごつい手が妙に印象的だった。組み合った二人にティアサはストップをかけ、あらためて綿バットを持たせた。

男は父しかいない家庭で育ったわたしは、男の取っ組み合いのケンカや闘いは映像でしか知らない。音を立て、うなり声や奇声を発しての闘いは、異様ではあったが面白くもあった。闘いは明らかに、二十才近く年上のアニケッタのほうに余裕がある。ブルーは勢いだけはすごいが、めくら滅法にバットを振り回して相手を見ていない。

唐突にブルーがうつ俯せに倒れこみ、闘いはあっけなく終わった。

「きみはまだ逃げているし、避けている。何が怖い?」

アニケッタに助けられて起き上がったブルーに、ティアサはそっけない口調で言った。ブルーは意外に落ち着いた声で、

「父親です。でも、自分のなかの父親です。父は外では臆病なのに、家ではママをバカにして殴って、ぼくには怒鳴り声でいばりちらしていた。殺したいくらいだった。自分のなかにまだアイツがいるんです」

「きみのその闘いは長くつづくよ」

ティアサはブルーに言い、輪を見回して、

「このグループルームのなかで何かに気づいたから、それを表現したからといって、それで自分が簡単に変容できるとおもったら間違いだ。グループはきっかけにすぎない。大事なことは、OSHOの言う『常に気づいている』ことだ。変容をもたらし、成長をもたらすのはそれ以外にない」

と言い、それから、アニケッタに笑いかけた。

「どういう気分だい?」

「まだ何がなんだかわからないですが、でも久しぶりにやり合って気分はいいですよ。ところでぼくはきみのパパにそんなに似ているの?」

とブルーを見た。ブルーは依然眼を合わせず、困ったように、

「雰囲気は違うけど、眉毛と髪型が似てるって最初から思ってた」

アニケッタはちょっと躊躇した後、両腕を延ばしてブルーを抱き締めた。ブルーが身を硬くしたのがわかった。が、おずおずとぎこちなくアニケッタの背中に手をやって眼を閉じた。

それからまずヴィーラが出ていって二人を抱き、なんとなく一人二人と全員が黙って二人を囲んで触れ合い、抱き合っていった。が、そのなかで、わたしは誰かが性的な触れ方をしているのを感じとった。キラーだった。嫌だなと思ったとき、ティアサがそっとキラーを抱き合ったグループから引き離すのが見えた。

メダルは青アザ

二人の周りに集まったわたしたちは、またゆっくり元の席に戻り始めた。わたしも立ち上がって、奥の壁寄りのいつもの席に向かった。

途中、先に戻っていたダセンが、仰向けになり両手をついて肩から頭を起こした相変わらずの姿勢で両足を延ばしていた。その脚をまたごうとしたとき、わたしは不意にわざと彼の脚を踏みつけた。なぜそんなことをしたのか自分でもわからない。意志より先に、からだが勝手に動いた感じだった。わたしのなかのもう一人のわたしがダセンを挑発したかったのだろうか。だとしたら、バカなことをしたものだ。彼が人一倍短気なのはもうグループの誰でも知っている。

案《あん》の定《じょう》ダセンは、「何する！」といきり立って声を上げ、わたしの足首をぐいと掴んだ。するとわたしは、自分でも驚いたことに、謝まる代わりに掴まれた足首を強く払い除けた。と、その拍子で彼を蹴とばしてしまった。

ダセンは怒声をあげて飛び起きた。わたしは、彼の顔から眼を離さずに後ずさりした。腰を低くし、膝を少し曲げ、両腕は肘を曲げて脇から離し、典型的なケンカの格好になっていた。意識しないでそんな格好になってしまった自分が愉快でたまらなかった。

「あんたと闘いたい」

わたしはダセンの釣り上がった眼を見ながら挑戦した。誰かがうしろから、おなじみの綿バットをわたしの足元に投げてよこした。

ダセンは躊躇していた。ボーディが「蹴っ飛ばされて何もしないのかよ」と挑発し、わたしは綿バットの一本をダセンの足先に放った。

ダセンがそれを拾おうと屈《かが》んだとき、わたしはその背中に綿バットを一発思いっきり打ち下ろした。「卑怯だ！」という声や拍手や、「いいぞ、いいぞ、その調子だ！」という声が同時にかかったりして、みんなもこの突然の闘争劇にノってきた。なんだかリングのなかに入っているような気分で、わたしは油断なくダセンの動きを見、肩を左右に揺らして、彼の綿バットを躱《かわ》せる体勢をとる。嬉しく楽しく興奮していた。こんなこと、一度でいいからやりたかった。

わたしは不恰好に何回か打ちこんで外し、ダセンは打ちこむ回数は少ないが確実にわたしのからだに当てている。こっちはこんなこと初めてなんだ、あっちほど慣れてないんだ、それにこっちはずっとからだが小っちゃいんだから、対等にやったらかなわない……そう思ったとき、わたしはバットを放り出し、両腕でダセンの脚をすくった。ダセンは音を立てて仰向けに倒れた。が、即座に起き上がり、「おまえ、やるな」と半分笑っているような罵声を投げ、自分もバットを捨てた。

わたしは完全に幼稚園のプレイ気分で、面白くって仕方がない。

ダセンはわたしの肩を掴んで倒した。わたしは脚をバタバタさせ、彼の背中をなんとか蹴飛ばそうとするがうまくいかない。ダセンはなかば馬乗り状態でわたしをぐいぐい押さえこむ。わたしは唯一自由に動かせる両手で、ダセンを叩いたり引っ掻こうとしたりするが効果はない。そのとき何かの弾みで、わたしの手がダセンの頭に触れた。わたしは即、彼の髪の毛を掴んで強く引っ張った。

「このメス犬っ！」

ダセンは、わたしに髪を引っ張られて上を向いた姿勢のまま、左手を振り上げると、わたしの顔を力いっぱい殴りつけた。その瞬間、ティアサの鋭い「ストップ！」がかかった。

「ダセン、きみは自分を失った。プレイであることを忘れた」

ダセンはうつ向いて、わたしのからだから離れた。

殴られた一瞬、わたしは顔の右半分に火を浴びせられたような熱い激痛を感じた。しかし、ダセンへは微塵の怒りも恨みも感じなかった。むしろ、兄弟ゲンカに勝って却《かえ》って叱られた弟への、なんだか悪いことしちゃったね、でもすっごく面白かったよといった暗黙の共感だけしかなかった。

もっともダセンはしばらくぶすっとしていたが。

わたしもゆっくり起き上がり、熱く疼《うず》いている頬を押さえ、這いながら席に戻った。そのとき、這った姿勢のわたしに、背後からムチ打つようにティアサの言葉が浴びせられた。

「イメージを演じるな！　きみはまだまだ闘えるくせに、殴られ痛めつけられた役を演じている。なんのためにそんな条件づけに縛られているか、ようく考えてみろ！」

わたしの興奮はあっという間に消えた。

席に座って振り返ったわたしは、まだ鋭い眼つきでこちらを視つめるティアサのほうを向いた。

「そうです。わたしにはまだ充分にエネルギーがあります。這う必要はありませんでした。なぜ無意識にそんな格好をとったか、考えたいです。あなたが言った、演じるということをです」
またまた痛かった。殴られた右頬の痛みより痛かった。だが、今度はわたしはその痛みを直視することができた。

ティアサのこのときの言葉は、わたしの眼の前の窓を大きく開けてくれた。この言葉で、OSHOや古今の賢者たちが繰りかえし言いつづけた気づきということが、実感をもって解ったような気がした。

確かに、日本という男性社会の「こうあらなければならない、こうあってはならない」の洪水のなかで生まれ生き延びるには、人間的な怒りは抑圧して状況に合った役割を演じるのが自己防衛だったのだ。だがわたしはそれを明確には認識してはいなかった。そこで、自然なままの自分でいると受ける攻撃から逃れるため、そのときどきの状況に求められる自分、その状況にふさわしいとされる自分を演じているうちに、グルジエフ*の言う人間機械そのままにロボットのようになっていた。そして、這って席に戻ろうとしたのは、そのつくられたイメージの、ロボット的表現だった。

ダセンに殴られ、実際は殴り返す位の強さがあったのに、わたしは機械的に弱い女になった。そのイメージは日本社会では通用するかたちであっても、その瞬間のわたしの真実ではなかった。

この無意識に役割やイメージを演じるということは、べつにわたしだけに起こったことではない。それは人が生きていく過程で無意識に身につけていく防具、人工皮膚のようなものであり、また誰もが抱く自己幻想でもある。その幻想は日常の世界ではなかなか意識されにくいから、わたしたちはそのつくられた部分も自分だと思いこんでしまう。

自分はこういう人間だとイメージしてしまい、そのシナリオ通りに演じようとすることの愚かしさ、周囲に合わせた自分を創作して、本来の自分を片隅に追いやることの虚《むな》しさとしんどさ、このグループはこれらをまざまざと見せてくれるまさにエンカウンター、出会いだった。

そしてティアサは、わたしたちがそうした夢遊病者のような無自覚な部分を見せる瞬間、ダセン以上の一撃をふるってわたしの眼を覚ましてくれたように、似たような一撃を喰らわして、それぞれの自己幻想を見せてくれるのだった。

自分の本来の在りざまと向き合うことから始めないで、何かを、誰かを真に知ることなんかできるはずがない。どんなにバカな自分、強い自分、下らない自分、素晴らしい自分であっても、ロボットに夢遊病者にならずに、役者にならずに気づいて見ていること。

『道』の鍵は、やはり「気づいている」ことであるらしい。わたしは痛みを感じながらも同時に、新鮮な目醒めの快感も味わっていた。

その日の夕方、ティアサがわたしを指さしておかしそうに笑った。

「みんな見てごらん。このあいだまで木のお面みたいだった顔が、ダセンのおかげであんなに活き活きと輝いている」

夜、部屋で鏡を見ると、右眼の周りが薄く青黒くなっていた。

だから言っておいただろう！

どのグループも、最終日に近い一夜、参加者全員がセラピストと一緒にＯＳＨＯと会う機会があった。グループダルシャンと呼ばれたものだ。

五日めは午後三時で終え、夜は老子館《ラオツハウス》の前に集まった。その夜は参加者十二人にティアサの十三人でバルコニーはいっぱいになり、まさにエンカウンターナイトだった。

純白の長衣のＯＳＨＯが、いつものようににこやかに合掌しながら現われ席につくと、まずブルーとダニーが入門した（名前は長くて忘れたので、以後もブルー、ダニーのままでいく）。ブルーは歯を出してニコニコしっぱなしで、一方ダニーは妙に真面目な顔つきだった。二人の入門式が終わるとＯＳＨＯはティアサのほうを向き、グループはどうだったかと訊いた。ティアサは、ひじょうに暖かい思いやりのあるグループであること、劇的な力強さはないが繊細な動きでアウエアネス（気づき）を拾っている、というようなことを言った。

ＯＳＨＯは「ふむ」とうなずき、「生きるということは、小さいことの積み重ねだ。大きな変容、深い成長も、ごく小さな普通の些事《さじ》をどう生きるかで獲得できるものだ」と語った。

それからわたしたちを見回すと、何人かを指さして呼び寄せ、様子を訊いていった。わたしも呼ばれた。

OSHOはちらとわたしの青アザに眼をやり、「どうだ?」と問うた。

わたしが思わず「たいへんです」と答えると、

「だから言っておいただろう!」と声を上げた。

「いえ、でも素晴らしいんです。ものすごく楽しんでます」

「ほう、それはいい」

それから一瞬だけわたしを凝視したあと、笑いながらわたしの頭に柔らかく触れた。わたしはあわててつけ加えた。

その夜のダルシャンのあと、わたしは何をしたかよく覚えていない。かなりハイになっていて、何人かと食事に行ったような気もするし、それともそれは、グループが終わった日の夜のことだったか。


ここまでに書いたことは、グループのなかで起こったことのほんの一部にすぎない。実際には、もっと多様で多くの情況が生まれ、進展し、新しい自分や他者と出会っていった。

六日めには、半日がかりだったが、キラーの攻撃と防御のパターンが崩れた。父親に殴られ蹴られて育った幼児期の計り知れないほど深い傷を、彼は大声で泣きながらわたしたちにさらしてくれた。そしてグループは、初めて彼を疎《うと》まずに受け入れ、抱擁した。プリヤはその日一日、泣きつづける彼の頭を胸に抱いていた。

ダセンは最後の二日は一度もかっとしなかった。ブルーが昼休み、一人で楽しそうに歌いながら踊っていた。ヴィーラが、自分はキャベツであるから何もしないと宣言した。ダニーとモデルが仲良くなっていちゃついていた。ボーディが大の字になり、このグループは良いけど滅茶《めっちゃ》くたびれるとふてくされた。デヴァダシの斜視は、なぜかわたしと向かい合うときだけは正常に戻った。

最終日の夕方、ティアサはダセンに頼んでバケツ一杯の水を持ってこさせ、部屋の真ん中に置かせた。

「このグループ中に感じた恨みや怒りや苛立ち、その他どんな否定的な思いでも、たとえわずかにでも残っていたらこの水のなかに捨てていきなさい」

ティアサは言い、みんな順ぐりに立ってバケツにぶちまけた。ぶつぶつ小声で捨てる人もいれば、絶叫型もいた。わたしは、「アニケッタとブルー、そしてモデルと美女は東洋人に固定観念をもっていて、わたしそのものでなく、日本女を見ているのが煩わしい」と言った（アニケッタはあとで謝りにきた）。

みんなの恨みが出たところで、ティアサはふたたびダセンに命じて水をトイレに捨てさせた。慎重にバケツを運ぶダセンにみんなから、「一滴でもかかると、みんなの毒を全部もらっちゃうぞ」などという声が次々にかかった。ダセンとバケツはゆっくりドアの向こうに消えた。

初めてのグループはこうして終わった。

古来の瞑想法に加えて独自の瞑想法を編み出したり、サイコセラピーという最新の心理学手法を積極的に取り入れるＯＳＨＯのこうした指導方式は、古代とは社会構造が変わり人間関係が変わり、知識や情報の質や量がドラスティックに変化した環境に生きる現代人のための手法としては、ひじょうに説得力があった。

この錯綜《さくそう》した現代生活のなかで、何百、何千年前の瞑想法や修行プロセスに則《のっと》って『道』を進もうとしたら、ヒマラヤの奥地かどこか、未だ当時の生活のかたちやペースが残っているところでやったとしてもひじょうに困難だろう。

宗教的なものと科学的なものが、ＯＳＨＯの手のなかでは衝突することなく補いあって共存していた。

＊グルジエフ

一八七四－一九四九。アルメニア生まれの神秘家。その体系には仏教、スーフィズム、カバラなどが多様に含まれており、独自の集中的苦行を意識の訓練に使った。

ロシア、フランス、アメリカで活動。天才的数学者ウスペンスキーは彼の師事を受けていた。

グルジエフ体系のスクールは現在でも各地にある。

第五章

アシュラムという名の俗世間

私は世間から逃げて二十四時間瞑想するような人には反対だ。
瞑想がうまくいっているかどうか判るのは生活のなかだ。
俗世間のなかでこそ瞑想は試される。

OSHO

黒子《くろこ》かパイプ

アシュラムを訪れる日本人が入門するたびに、わたしは通訳として一緒にダルシャンに行くようになっていた。役柄上ダルシャンに頻繁に出られるのは嬉しいが、じつは出るたびに、またOSHOと珍妙な翻訳問答をする破目になった。

許可されたグループは全部受け終わっていたし、翻訳に取りかからない言い訳も口実も見つからない。かといって、レクチャーを訳してみないかと師に言われているのに、弟子として今さら強硬に拒絶したくない。ほかに訳している人もいるし訳したがっている人だっているのに、なんでわたしなんかにやらせたがるのかと、わたしは内心恨んだり困ったり自責したりしながら、通訳ダルシャンのたびにへまなウソをついて、次第に自分で自分を追い詰めることになった。

「翻訳はどうかね？」

「はい、え、その、まあまあです」

「ふむ？」という具合である。そして、ダルシャンに行くたびに自己嫌悪はひどくなり、とうとうまた手紙を書いて告白した。

「翻訳などやっていないのにそのフリをしていました。罪悪感に苛《さいな》まれています」

前回、プラティプラサヴがらみで書いた手紙は深刻で長かった。だが今回のはこの二行だけ、しかもなんとまあノーテンキな内容であることか。渾身の瞑想で得た洞察やグループでの開眼はどこに行ったかと思える次元の低さで、我ながら嫌になった。しかしその状態も口惜しいがそのときの自分の現実の一部。もっと高度な精神レベルを装いたかったがいくら気取ったところで、所詮、自己幻想に実体はない。

返事はこれも簡単に、「罪悪感をもつことはない。ただやればいいだけだ」とあった。そんなに嫌ならやらなくてもいいとか、やる気になるまで待ちなさい、みたいな返事を期待していた自分が甘かった。この返事でますますにっちもさっちも行かなくなってしまったと、わたしは頭を抱えた。

我ながら見事に自分をコーナーに追い詰めてしまったものだ。このままではとてもＯＳＨＯの前には出られない。わたしは心のなかで両手を挙げた。

降参します、はい、イエスです……

イエスと言うことだけが、この自家製プリズンからの出口だった。

どんなことであれイエスと肯定し受容することは、かならず流れを変え、情況を広げていく。師のこの教えをわたしはこのとき身をもって学んだのだった。

というわけで、ついにわたしは翻訳を始めた。


抵抗に抵抗を重ねた上で始めた訳は、最初はけっしてスムーズに進行したのではない。降参したとはいえふくれっ面《つら》降参だったから、一ページ進むのに三千回くらいため息をつきながらの仕事である。だがダルシャンで訳の様子を訊かれても、少なくともウソはつかなくて済む。

「あまり上手くいってません。むずかしいです」

「ふむ、よろしい《グッド》」

よろしい《グッド》って何がよろしいんだろう？

ところがしばらく経ち、気がつくとため息の回数が減っていた。ときには教えの展開や内容に夢中になり、次々浮かんでくる訳語にペンの動きが間に合わずもどかしいことさえある。逆に言葉に行き詰まっても、驚いたことに、これは面白いやと楽しんでいる自分がいる。

ＯＳＨＯの使う言葉は、きわめてシンプルで基本的だ。英語が下手だからではない。語学としての英語は見事なまでにモノにしていて、自在に使いこなす。シンプルな言葉や簡単な表現を好むのは、そのほうがストレートであるだけでなく自由で広がりがあるからだ。

難解な言葉には意味に限界があり、動ける範囲は狭い。しかしシンプルだからといって、訳はイコール簡単というわけにはいかない。訳語のほうも、同じように広がりのある単純な言葉を探していかなければならない。わたしが面白いと思ったのはその作業だった。

そしてわたしがようやく翻訳という仕事を一〇〇パーセント受け容れ楽しみだした頃から、OSHOは翻訳について訊くのをぴたりとやめた。

それにしても、最初の頃に訳したものは、後で読み返すたびに恥ずかしい思いをしたものだ。理由は、最初の訳には、まだ訳者のわたしがべたべたくっついていて臭いがするからだ。

文芸書や科学書はいざ知らず、精神的な教本や講話を訳す場合、訳者はそれが通訳であっても翻訳であっても完全に黒子、あるいはパイプとして在らなければならない。訳に、訳者の個人的な判断解釈が入ってはならない。訳者の見解が入るとしたら解説書になってしまう。

とはいえ、パイプの内側にはどうしてもそのパイプの付着物があるから、そこを通って出てくるものには臭いがつく。そうなると、自分の臭いをどれだけ最小限にとどめられるかは訳者の自覚にかかってくる。

誤解しないでほしい。わたしは、訳者は自分を殺してやるべきだと言っているのではない。言葉や文章や行間から、できる限り自分の臭いを消す清掃作業ができるかどうかという話なだけだ。うがった言い方をすれば、自分のやることを常に見つめ点検していかなければならないという意味で、この仕事は瞑想でもありうる。

木炭で石膏デッサンをしたことがある人なら知っているだろうが、あれは描きこめば描きこむほど自分の顔に似てくる。それに似たことがＯＳＨＯの翻訳でも起こる。わたしはこれまで彼の講話を七冊訳したが、同時に、他の訳者の訳を三十冊以上リバイス（訳語や誤訳のチェック）する役目もした。訳文に訳者というパイプの垢や臭いが付くのを強烈に感じたのは、このリバイス作業のときだ。

これはちょっと怖いことだが、訳には石膏デッサンと同じように訳者がくっきりと出てしまい、読んでいるうちにその人の性格やこだわり、好みや執着などが見えてくる。最初は不思議で、本人にそれとなく話を聞いてみると、読み取った通りのこだわりや問題などを抱えていることが判って驚いた。これは訳語を選択する際にもぐりこんで、全体の語間行間に出てくるものらしい。

日本人のエゴと西洋人のエゴ

六月に入ると曇りがちの日がつづくようになり、四月五月の猛暑もひと息つく。そして月の十日あたりから豪雨が降り始め、モンスーンの季節に入る。モンスーンの雨は梅雨と違って一日中降るわけではなく、しかしかっと晴れることもないから、夏嫌いには、灼熱地獄のあとの天国だった。

そして、急激に増え始めた西洋人に混ざって少しずつ現われ始めた日本人に、ＯＳＨＯはグループセラピーを勧めるようになった。勿論嫌なら受ける必要はないが、嫌と言った人はほとんどいなかった。

というわけで日本人も全員グループを受けるようになったわけだが、エンカウンターグループは、わたしのあと数人やっただけで、ＯＳＨＯはこれは日本人には合わない手法だとした。日本人には合わないとされたグループセラピーはほかにもいくつかあるが、すべて強烈で激しい玉ネギの皮剥《かわむ》きグループだ。

これはおそらく、言葉の問題というより、日本的自我《エゴ》と西洋的自我の違いからくるもので、成長のための手法の適性、妥当性の問題だろう。

河合隼雄氏は『ユング心理学と仏教』のなかで、「他と明確に区別し、分離していく自立したものとして形成されている」西洋的自我にたいして、日本的自我は、「他との一体感的なつながりを前提とし、それを切ることなく形成されて」いて、他とのつながりを「切らずに包含することに耐える強さをもつ」と述べている。

これを個人的な体験から言い換えさせてもらえば、「つながりを切らずに包含することに耐える」ことは、曖昧な言語表現を好む腹芸文化にも支えられながら、往々にして自分を明確に表現せずに、対立や異質を嫌うという方向へ向かっていく。加えて自分の自我を、所属する共同体の自我と同化させることで安心感や安定を得ることが多い。だから、なかなか独立した個我として自立していかない。

このように、対立や異質に慣れていない、言葉での表現を大切にしないという自我の条件づけが強いとしたら、対立や言葉を主要な道具に使うエンカウンターグループなどのなかでは、日本人は却《かえ》って疲れて傷つくだけで成長どころの話ではなくなる。

OSHOが日本人を、自我に直接はたらきかけるグループに参加させなくなったのも、日本人に接していくうちに、こうした日本的自我の有り様を知るようになったからだろうし、わたしがエンカウンターを楽しめたのは、欧米での生活が長い上に、もともとあまり日本的自我《エゴ》の持ち主ではなかったからだろう。

この後アシュラムに日本人が増えるにつれ、この自我形成の条件づけの違いから、誤解やすれ違い、あるいはときたま摩擦が起きたりしていた。そしてなぜか、わたしはそんなことが起こるたび呼びつけられるようになり、次第に本人の意志とは関係なく、「日本関係問題苦情その他何でも受け付けます係」も演じる破目になった。

通訳翻訳といい「日本係」といい、苦手なものばかりやってくる。のちにはOSHOから日本人向けグループセラピーをやれという指示まであった。

だが考えてみれば、OSHOがわたしの嫌々を承知でさまざまな役柄をつぎつぎ与えてきたその狙いは、好き嫌いのレベルで判断し動いていた当時のわたしに、「そういう幼稚なレベルの判断基準から脱け出して、成熟した開かれた視点をもてよ」と、つづけざまに蹴りをくれるためだったと思う。

彼女は彼？　それとも彼女？

ある夜のダルシャンのことだった。わたしは老子館《ラオツハウス》の門の前で、その日通訳することになっている人を探していた。

通訳が必要なときには、前日あるいは当日の朝、ＯＳＨＯの秘書ラクシュミのオフィスからメモがくる。メモにはいつも、読みにくい筆跡で日本語っぽい名前っぽいものが書かれてある。たいがい一晩に一人か二人だが、ときどき日本からツアーを組んでいちどきに大勢やって来ることがあったから、一晩に三、四人、多いときには五、六人が毎夜つづくこともあった。

入門希望の申し込みはオフィスが管轄していて、その頃では、アシュラムでしばらく瞑想をした人でなければ弟子になれなかった。統括マネージャー的存在でアシュラム組織の上に君臨していたのはラクシュミだ。彼女の下にはその両腕として、のちにアメリカオレゴン州のコミューンを牛耳るインド女性シーラと、日本人を含む西洋人関係を一切仕切《しき》っていたオランダ女性アループがいた。

　さて、わたしはその夜いつものように、通訳する相手（その日は一人だった）と前もって会い、簡単にダルシャンの説明をしようと思っていた。ダルシャンも大型化して、ずいぶんとセレモニー化していたから説明が必要だった。

　その人は、ほっそりした身体を赤い長袖の長衣につつみ、ソバージュが伸びたようなウエーブの長い髪を肩から背に大きく垂らしていた。わたしより小柄で小さな顔の目鼻立ちは優しく、ただ緊張のためか伏し目がちで、なかなか眼を合わせようとしない。

　この人も「英語は大体わかるので解らないときだけ訳す」というケースだったので、訳が必要なときの合図を打ち合せし、簡単なダルシャンの説明だけしてから、「ところでこれはあなたの名前だけど何と読むの?」とわたしはメモを見せながら訊ねた。「リューハです」とその人は言った。かなり甲高い声だった。

　時間になり、わたしたちはゲートで例によってくんくん嗅がれてから、ブーゲンビリアの咲き乱れる細い通路をチャンツホールへと進んだ。

　OSHOの通訳という役割は傍目で考えるほど楽ではなかった。

　彼の存在から放たれる強烈なエネルギー、それは彼の近くに行けば行くほど強烈だったが（強烈という以外、わたしにはそのエネルギーを形容する言葉が考えつかない。強《し》いて言えばあらゆるものを突き抜ける光の濃く充満した空間、とでも表現できようか）、その途轍もないエネルギーの雨は人の内部に浸透して不可思議な作用をする。深部に埋もれていた感情が動きだして混乱したり、逆にふだん経験できないような平和を感じたりする。また内側が攪拌《かくはん》されて、まだ意識されずにいた条件づけや潜在意識からの言葉がぽんと飛び出てきたりする。

しかし、入門した夜、初めて彼の近くに座ったときには、わたしは特別なエネルギーは感じられなかった。それは、わたしのなかのエネルギーが世の大半の人々同様、生存に必要な最小限の範囲でしか動いていなかったから、小窓から広大な景色を見ていたようなもので、小窓スケールのものしか感じることができなかったからだ。

だが瞑想をすすめていくうちに、自分のなかで眠っていた感覚や能力が開きだし、エネルギーを感じるだけでなく受ける、出す、ときには躱《かわ》すことができるようになった。瞑想することが一種のトレーニングになるようだ。

そしてOSHOに視つめられると、誰もが、弟子たちはもとよりゲストやジャーナリストたちにいたるまで、すべてを見透かされている感じになると言う。

わたしの場合、その桁外れのエネルギーに動じなくなるまで、通訳として黒子に撤することができるようになるまで、二年かかかった。

さて、華奢《きゃしゃ》なリューハの話しに戻ろう。

その夜何番めかに呼ばれたリューハは、物静かな動作でOSHOの前に座った。リューハは英語大体OK組なので、わたしはその右うしろに、いつもより距離をおいて座った。

通訳はふつう訳される人の右うしろ、からだに触れない程度の近距離にやや斜めに座る。そして訳は、通訳される人にだけ聞こえるくらいの目立たない低い声でする。通訳中は日本語をOSHOに向かって訳すとき以外、彼が話しているあいだは彼のほうは見ない。名前の説明が年を追って長くなったので、声が重ならないよう気をつけながら、ゆっくりと話す彼の言葉の切れ間を使って訳を耳元に囁いていく。

微笑したOSHOが、リューハのほっそりした首にペンダントをかけてから紙を渡し、新しい名前の説明を始めた。と、そのときわたしは、はっとして思わず顔を上げた。名前が、女性を表す「マ」で始まっているではないか。

わたしはリューハの横顔を盗み見た。彼の喉ぼとけを確認しようとしたのだ。たしかに華奢《きゃしゃ》でほっそりしていて声も高い。髪だって長く豊かに肩を覆っているし、手も顔も小さくすべすべしている。しかしゲート前で会ったときから、わたしは当然この人は「彼」だと思っていた。それが今突然、OSHOの「マ」を聞いて完全にぐらついてしまったのだ。

わたしは、OSHOを見た。そしてもう一度、彼を見た。喉ぼとけははっきりしないが、わたしには男の首のように見える。

どうしよう。

ＯＳＨＯ、彼は男性です、と言うべきだろうか。それともこの人は何か理由があって、女性として扱ってほしいとオフィスで申し込んだのだろうか。それともわたしの判断が誤っていて、この人はほんとうに女性なのかもしれない。

訳してくれの合図のことなんかすっかり忘れて、わたしの頭はこの人のジェンダーのことでいっぱいだった。彼は彼女なのか、それとも彼なのか……

長い説明が終わり、といってもわたしはそのひと言も聞いていなかったのだが、とにかく終わり、ＯＳＨＯはにこやかに右手で祝福した。サニヤスの授受が終わったというジェスチャーである。そして一瞬、一瞥をわたしに投げつけた。そのメッセージは明らかだ。

うるさい居方をするんじゃない！

わかってます、わかってますがＯＳＨＯ……ああ、どうしよう。

ダルシャンが終わってＯＳＨＯが去ると、わたしは待ち兼《か》ねてその人に訊いた。

「あなた、男性ですよね」

彼は言った。「ええ」

ああ、やっぱりそうだった。

「それなら明日いちばんにオフィスに行って、誤って女性の名をもらってしまったとおっしゃい。マをスワミに直してもらわなきゃいけません」

翌日さっそく彼はそうした。後日彼には、マがスワミに、名前の語尾が女性語尾から男性語尾に書き変えられた新しい紙が渡された。

後にこのことをＯＳＨＯはある講話のなかで取り上げ、気づいていたのに間違いを指摘できなかった日本的条件づけを皮肉って批判した。聞きながら、わたしは直接大声で叱られているような気がして首をすくめていた。

しかしよく考えると、わたしが「師よ、この人は男性です」と言わなかった、いや、言えなかったのは、日本的条件付けだけのせいだっただろうか。勿論一〇〇パーセントの確信がなかったからという言い訳もできるが、それはあくまでも言い訳でしかない。一二〇パーセントの確信があっても、おそらくわたしは言えなかっただろうと思う。

師が話している最中に「ちょっと失礼」と割り込んで、「師よ、あなたはこの人の性別を間違われておられます」などとは、日本人というより今度は弟子としての条件づけが邪魔して言えなかったのだ。

そこには、帰依を存在基盤にしなければならない弟子のジレンマがあり、また、帰依が即、盲目的追従になってしまうような弟子の条件づけという落し穴があった。そして一つの条件づけを超えても、つぎの条件づけがいかに早く出来上がっていくかという、人間の弱くも怖い特性を見せつけられた事例でもあった。

たとえ自分が全面降伏的な帰依をしている導師が相手であろうとも、おかしいと気づいたら、気負わずに「それは間違いです」と言うのが自然で美しい。間違いは間違いだ。秘書に怒られようが本人の不興を買おうが、わたしはちゃんと指摘するべきだった。

だがあの夜、わたしにはそれができなかった。

これはもう一つの厳しく手痛いレッスンとなった。

以後わたしは、とくに日本関係の間違いや混乱があったとき、臆せず指摘することにした。するとOSHOは秘書を通じて手紙で、これからも気づいたことがあったら遠慮なく指摘し、意見を述べるようにと言ってくれた。しかし弟子としてこれは、自然体と僭越《せんえつ》の境界ラインすれすれのところの、冷や汗ものの綱渡りだった。


導師といえど万能の神ではない。己が内なる神性に覚醒した存在ではあるかもしれないが、人間であることに変わりはない。そして、人間ならミスがあって当たり前だ。

「師イコール全知全能者」幻想が蔓延するのはOSHOの弟子のあいだだけではないだろうが、自分の師匠は唯一絶対であってほしいという弟子のエゴゆえに、また、聖者覚者とはかくあるべきという凡人の幻想ゆえに、マスターは神格化され人間的なるものを認めてもらえない。

となると、師への心からの帰依と弟子の意識の自立、この二つバランスを取りながら進むのは、落ちないほうが不思議なくらいのむずかしい綱渡りになる。

ここは濃縮俗世間

欧米や日本からやって来る人々の数が猛烈な勢いで増えていくにつれ、アシュラムは大きく変身していった。

講話や瞑想に集まる人の数は千人単位になり、隣接する宅地を買い入れて、ブッダホールという、コンクリート製高床に丸太を立て、キャンバスシートの屋根をかけた壁のない大きなホールが造られた。四、五千人は収容できる緑に囲まれた爽快な空間だ。講話と瞑想はこのホールで為され、一回に参加者が百人以上にまで膨《ふく》れ上がったダルシャンの場は、以前の講堂だったチャンツホールに移っていた。

ブッダホールが完成したあとでも、いつもどこかで工事が進行中だった。その工事現場で働くワーカーもハンディマンと呼ばれるＯＳＨＯの弟子たちで、もう外部のインド人が請け負うことはなくなった。

ハンディマンの姿に象徴されるように、アシュラムは、ラクシュミのオフィスが司令室になって急激に組織化され、その組織は眼に見えて拡大していった。

それは、翻訳の分野にも及び、それまでわたしも含めてそれぞれ自宅でデスクに向かっていた各国の訳者たちは、ボーディダルマと名づけられた木造二階の建物がブッダホール脇に建てられると、そこに入ることになった。一階に英語の出版部と広報担当のプレスオフィスが入り、わたしたちと二階を分かち合ったのはヒンドゥ語出版部。インド人の友人はおもにここで知り合った人たちだ。

ボーディダルマには壁はあったが窓にガラス戸はなく、「窓のつもり開口部」があるだけで、蝶や虫や木の枝や枯葉や、ときには雨や近眼の鳥などが気軽に入りこんでくる。初めは揃《そろ》わなかった机や椅子もだんだん増え、一、二ヵ月もすると一風変わった国際色豊かな翻訳オフィスが出来上がってきた。

訳者は高校や大学で語学を教えていた英語のプロか元ジャーナリストが多く、異色はイタリア人のサルジャーノという名のファッション写真家で、奔放すぎてトラブルメーカーと見なされていた。

わたしはサルジャーノとも仲良かったが、いちばんうまが合って親友付き合いしていたのが頭の回転の早いオランダ人社会派ジャーナリスト、プシュパだった。プシュパは心配性で短気で早口でお人好しで、だがそうしたファサードの裏には、そこからいつも自分と周りを見つめている成熟した眼があった。わたしたちは最初から机を向かい合うように置いて仕事をした。

あれよあれよという間に人が増え、人が増えると組織が必要になり、組織化されると、本来OSHOを目指して集まってきた内面を志向する個の場であるアシュラムが、世俗社会と変わらない「関係」の場になっていく。

組織との関係、他者との関係、仕事との関係、すべて外面世界の事象との関わりだから、方向としては瞑想や求道と逆向きだ。そこで個々の内側に起こるのは、二つの逆方向を向いたエネルギーのシーソーだった。

ビジネス手腕のある秘書のラクシュミは、すごい速度でアシュラムの組織化を行なった。

この時点でのアシュラムの形態は、まず円の中心部にOSHOがいて、その中心点を囲んで少数の側近がいる。その次がワーカーと呼ばれ、アシュラム内に居住したり外からアシュラムに通って仕事をする人たちの層で、アシュラム内で無料で食事ができる人もいるが、大半はすべてを自前でまかなっている。アシュラム組織を支えているのがこのワーカーたちである。わたしは食事付きワーカーだった。

外周はビジターの層で、彼らは献身だの仕事だの考えずにまったく自由にアシュラムに出入りしている。この層の数がもっとも多い。

(ちなみに後年破門され、本名のヒュー・ミルンで暴露本じみたOSHO論［訳書名『ラジニーシ・堕ちた神』］を書いたボディガードのシバは側近中の側近だった。彼の本を英語の原文で読んだとき、わたしは全編に流れる強い怒りのなかに、彼のOSHOへの熱烈だった愛情の裏返しを見た。彼の怒りと恨みは、アメリカオレゴン州でのコミューン建設の際に、特権を奪われてふつうの弟子と同じ扱いになったときに現われたものだ。彼はOSHOを暴くつもりだったろうが、実際に暴かれてしまったのは哀しいかな彼の意識の状態で、特権的地位を享受していたときの師への愛が純粋な愛ではなく、たんに二元的な感情にすぎなかったこと、背後には憎悪があったことに気づいていなかった。

もう一つ哀しいのは、日本語訳のなかでは訳者の訳語の選択のせいだろう、彼の怒りが、卑しく汚らしい憎しみに変色していて、虚実綯い交ぜの週刊誌のゴシップ記事のような本になっているこ とで、日本ではOSHOの評価を、この本だけで為しているジャーナリストや宗教評論家たちがいるらしいのはなんともお寒い話だ)。

さてOSHOは、スイレンの華にたとえた自説通り、弟子の意識の深まりや覚醒への努力を華と見立て、土壌として泥まみれの環境を意図的につくることで弟子を試していた。それにまた、人間性の美しい部分だけでなく、醜悪な部分もあえて隠さず陽の光にあてることで、弟子たちに、人の内側のすべてを気づかせよう自覚させようとしていた。

自分の醜悪な部分を落として超えようとするなら、まずその姿をはっきり見すえて理解しなければ落とすことも超えることもできない。この洞察の上に立って、OSHOは自分のアシュラムを、あえて俗世間そのままに煩悩の場にさせていた。だからアシュラムは、これが修養の場かと疑いたくなるほど俗っぽかった。

聖の部分はどっしり中核に在って動かないが、その前後左右には俗世界のあらゆる人間的現象が、外の世界では薄められているのにここでは濃縮のまま、外ではフリやカッコをつけられているのにここではそのものずばりナマのままで出現していた。無欲で謙虚な愛情、胸打つ献身や誠意や深い内察が、剥《む》き出しの権力指向、差別、嫉妬、欺瞞などとからまり合って同居しているのだ。

例えば、わたしたち翻訳セクションのボスは当初は短期間で次々変わっていった。泣きながら自分から辞める人もいれば、こんな連中とつき合ってられるかと、カッカッとしてオフィスに直訴し配置がえしてもらった人もいた。わたしたちはべつに意地悪い奴らというわけではない。ただ、それぞれが自国語という一国一城の主《あるじ》だから一匹狼で、ボスが管理しようとし始めても、シロウトのおまえに何が解るかと皆そっぽを向くから手に負えなかったらしい。

四、五人めにきたのがスコットランド人男性でフランス語が流暢な外交官、ブリュッセルの英国大使館に勤務していプラモードだった。

最初は低姿勢だったこのプラモードも、慣れてくるとだんだん管理職の資質を現わしてきた。頭の回転は早いから事務的な処理をてきぱきするのはいいとしても、権力志向もろだしになんでもかんでも管理しようとする。訳し方から期間まで勝手に決め、訳者たちがそっぽを向くとオフィスに言いつけに行っては外交官的な洗練されたゴマスリをやる。

その一方でインド人や東洋人（つまりわたし）には、庇護者ぶって上から目線のパワハラ態度をとる。あからさまな人種差別だが、プラモードは「きみたちみたいにエゴの強い連中には厳しくしろというオフィスの指令だ」と言いながら居座った。

ある日の午後、昼休みのあと、サルジャーノがいつものように遅れて入ってきて、プラモードのいつもの皮肉をいつものように無視すると興奮気味な声で言った。

「ナルタン、知ってるか。ニホンのグルからＯＳＨＯに解脱証明書を出してくれと手紙がきたそうだ。面白いだろ！」

わたしが応える前にプラモードが口を出した。

「ニホンジンてのはそういう民族なんだ。大事なのはカタチなんだから。ほんとに悟っているかどうかより、証明書があるかどうかのほうが大事なのさ。そうだね、ナルタン」

正論だが、プラモードの口にかかると鼻につく。

「日本人だけじゃないよ。ドイツ人が証明書出してくれって言ってきたことだってあるんだから」

とわたし。

こうなるとドイツ人のニルヴァンが黙っていない。

「これは民族の問題ではない。個人の知能の問題だ。つまりそいつは頭もテイスト（趣味）も悪いのだ」

プシュパが笑いながら、「頭とテイストってつまり価値観だろ。イタリア人なんかは毎月頼みこんでんじゃないの？」

からかわれたサルジャーノは喜んで、

「イタリア人だったら証明書なんかてっとり早く偽造しちまうさ」

プラモードが真面目な顔をして言った。

「ＯＳＨＯは証明書なんか出さないと思う。そいつは弟子じゃないんだろ」

プラモードにはこの種のジョークはまったく通じないと気づいて、わたしたちは白け、肩をすくめ、黙りこくった。プシュパとわたしはヤな奴だという点で一致した。
この権力と地位が大好きだったプラモードはのちに破門された。

困った名前

インドに居た七年半のあいだに、ビザ切れと滞在費切れのため、わたしは短期間だが二回日本に戻っている。いくら世俗的とはいえ、アシュラムは異国の修道場であり、全員がＯＳＨＯという共通項をもっている特殊な環境だったから、そこを離れて本物の俗世間に戻るのは、自分がどのくらい変容したか、どの程度の自覚を得たかなどを知るためには最適な方法だった。

初めて東京に戻ったとき、自分自身で気づいた最大の変化は、感覚の変化だった。
まず聴覚と嗅覚がおそろしく鋭敏になっていた。その結果、ふつうの人には聞こえないような音波、ふつうには気がつかない匂いや臭気を捉えてしまう。これは大都会に居たら災難でしかない。どこに行ってもどこに居ても、あらゆる種類の騒音と臭気が、これでもかこれでもかと襲ってくる。繁華街に出たあとはかならず熱を出して寝こむ始末で、唯一の解決策は努力して鈍感になることだった。しかしこれはある程度は成功しても限界があるから、今に至るまで過敏がゆえの苦痛は日々味わうことになっている。

さて、二回めの帰国からインドに戻るとき、飛行機代が安いのでアシュラム行きツアーに入れてもらった。十五人ほどいた参加者のほとんどがＯＳＨＯの弟子になりたいという人たちだ。

なかに一人だけ、頭の薄くなりかけた中年男性がいた。

くすんだ色のジャケットを着て、雰囲気は知的サラリーマン。ちょっと気難しい顔立ちで、同行の若者たちとはあまり話をしない。大抵ツアーのグループから離れたところに居るが、ツアーを主催したＯＳＨＯの弟子が話しかけると好人物を窺《うかが》わせるはにかんだ表情になる。日本人には珍しい中年社会人のこの弟子候補に、わたしは少なからず興味を覚えた。

プネーに着き、帰ったことを報告にオフィスに行った。わたしの留守のあいだの通訳は、あの老子館《ラオツハウス》の料理番アスタがやっていたという。

アシュラムは人で溢れていた。どっちを向いても、緑の木々を背景に明るい暖色の長衣や襟なしシャツが動きまわり、人声が聞こえている。明らかに今のままでは狭過ぎる。アシュラムとプネー市との軋轢《あつれき》や、ＯＳＨＯの弟子と市民との摩擦や衝突も珍しいことではないらしい。放埒《ほうらつ》を自由と混同している傍若無人な弟子も少なくないから、いくら外国人による経済効果が大きいといっても、伝統的な慣習因習の根強いインドの社会が、新人種にいつまでも寛容であるわけはない。

ルーティーンに戻って一週間ほど経《た》ったある夜、突然ドアにノックがあり、開けてみるとツアーで一緒だったあの中年の男性が立っていた。口元に戸惑った笑いがあり、「話を伺いたい」と言う。これまでの経験によると、「話を伺いたい」人のほとんどは、自分の話を聞いてほしい人で、彼もその一人だった。わたしは「一時間くらいなら」と招き入れた。

早速、「どうもまともに話が通じる人間がいなくって」と始まった。彼の存在を認めてくれる人がいないということらしい。ほかにも言葉のはしばしに、典型的な「自分はちょっと特別で、人とはちがう」症候群をこじらせた兆候が見える。しかしこのビョーキは、わたしを含め、誰でも多少はわずらっている万年流行の人間病だから、別にどうということはない。

しばらく女性によるアシュラム経営の批判をし、若い日本人の批判をし、自分の半生を短く語ったあと、彼は、「ぼくはOSHOの本を英語で全部読みました」と言った。その言い方には、内緒ごとを告白したはにかみと、同時に、どうです、こういう人間は滅多にいないでしょうみたいな得意げな調子がミックスされていた。わたしのほうは、へぇとあんぐり口を開けてしまった。英語版の講話集は当時でも百何十冊以上あった筈《はず》だ。

それにしても、それを全部読んだはいいけれど、眼と頭で文字を追ったところで、それがそのまま何かを会得したことにはならない。頭で理解することと、存在全体で理解することには、雲泥の差がある。だが、自分だって頭でっかちだからわたしには何も言えなかった。何ごとも自ら体験するほかない。

そのうち彼は、「ナルタンさんは大学はどこを出られたんですか?」と訊いてきた。「どうしてですか?」と言うわたしの反問に彼は急に声を落とし、邪気のない、秘密を打ち明けるような口調でこう言った。

「いえ、じつはぼくは東大を出ているんです」

「………」


さて、ツアーの人たちの入門が始まった。

わたしは連日二、三人ずつ通訳していった。全英語版読破の東大氏はたしか二日めの一人だったと思う。彼は英語は解るからと通訳を断ったらしいが、オフィスは、わかるという人たちでもOSHOの前に出るとアガッてしまい、声をかけられても返事ができない人が多いので、よほど英語慣れしていない限り通訳を脇に待機させることにしている。

東大氏の番になった。

新品のインド風裾広のシャツをぎこちなく着て、それでも連日瞑想してきたらしいのは、その顔が生き生きと晴れやかなことからも分かる。わたしは例によって彼の右うしろ近くに座った。通訳が要るときの合図はもう話してある。

OSHOはいつも通り真剣な表情でじっと眼の前の顔に見入ったあと、紙挟みの上の紙にペンを走らせた。そしてムクタからペンダントを受け取ってにっこりすると、東大氏の首にかけてやる。東大氏も柔和な笑顔になった。紙が渡され、OSHOが名前の説明を始めた。

「おまえの新しい名前、スワミ・デヴァ・カバとは……」

その瞬間、東大氏の顔色がかすかに変わり、からだが小さく揺れたのに気がついた。わたしは緊張した。

通訳は、緊急の場合にはガードの役割も兼ねている。稀にだが、危ない振る舞いをするアタマのおかしな人たちが居るから、そんなときにはうしろから抱きついて止めなくてはならない。まさかと思ったが、東大氏の反応はけっこう強かった。ちらと、ムクタの隣で鷹のような眼をまばたき一つさせず東大氏に向けているボディーガードのシバを見る。

と、そのとき、わたしは東大氏がなぜ動揺したのかに気がついた。

カバだ！

とっさの判断でわたしは彼の耳元に近づき、説明を通訳し始めた。この言葉がもつ深遠な意味を、慣れた自国語で聞いたら少しは落ち着けるかもしれないと思ったためだが、東大氏は、からだを硬くしたまま頷くことも身動きすることもなく聞いていた。

カバというのは、聖地メッカにあって重要な意味をもつ神殿の名前で、簡単には出入りできない聖域である。ＯＳＨＯは最後に東大氏に、

「この名前は、人が存在の内奥にもつ聖なる場所という意味だ。おまえもこれからは自分のその聖なる場所をつねに意識して生きなさい」

と言った。感動的な意味づけだった。

ただ、正確にはカーバとカのうしろが延ばされる発音なのだが、外国語の発音は自己流にしてしまうOSHOが発音すると、カバと短くなる。東大氏のプライドが、これからずっと、「やあカバ、元気?」などと言われるのをどう受けとめるか。わたしには、彼の動揺や、頭のなかで去来しているだろう憤りと抵抗、屈辱感が手に取るように伝わってきた。しかし、間違いがあったわけではないし、わたしが余計なことを言える場面ではない。わたしはただ通訳をつづけるほかはない。

それまでにも、日本語表記ではミイラになる名前をもらった人や、ヘマという名前をもらった若い女性、アイコという名前になった男性がいた。バカ(スーフィズムで「神の内部にとどまる」という意味)という名前をもらった人すらいる。このスワミ・バカはツーリスト気分で立ち寄っただけらしく、苦笑して消えていった。しかしミイラやヘマやアイコたちはそのまま受け容れて使っている。もちろん最初は抵抗があっただろう。しかしいったん受け容れると、見事なほどすっきりしている。カバはどうだろうか。

ダルシャンが終わり、全員門の外に出てきたとき、周囲の出来立てほやほやの弟子たちの興奮と笑いをかきわけて、意気消沈し、傷ついたスワミ・カーバが近づいてきた。「ナルタンさん、ぼくは」と言ってそこで一度言葉を切り、「バカにされたんでしょうか?」と暗い声を出した。

「そんなことはありません。OSHOは日本語知りませんから。わたしもお気持ちはわからないわけではないです。この名前を受け容れるのがむずかしかったら、手紙を書いてみたらどうでしょう」

基本的にわたしは、世話をするという名目で他者《ひと》の生に干渉したくない。だから「わたしがやってあげましょう」とこちらからオファーすることはまずない。冷たいとも言われるが、どんなことでもその人の生の一部だと尊重したいから、求められない限り、わたしという他者が手を出して関わるのは、傲慢な領海侵犯になると思っている。

だからカーバの場合も、彼の苦悩は理解できても、「わたしが手紙を書いてあげます」とも「明日いっしょにオフィスに行きましょう」とも言わなかった。

しかしその夜を最後に、わたしは彼の姿を見ていない。

干渉とヘルプの微妙なボーダーラインをどこに引くかは、今もって難解な事柄だ。

第六章

月をさす指

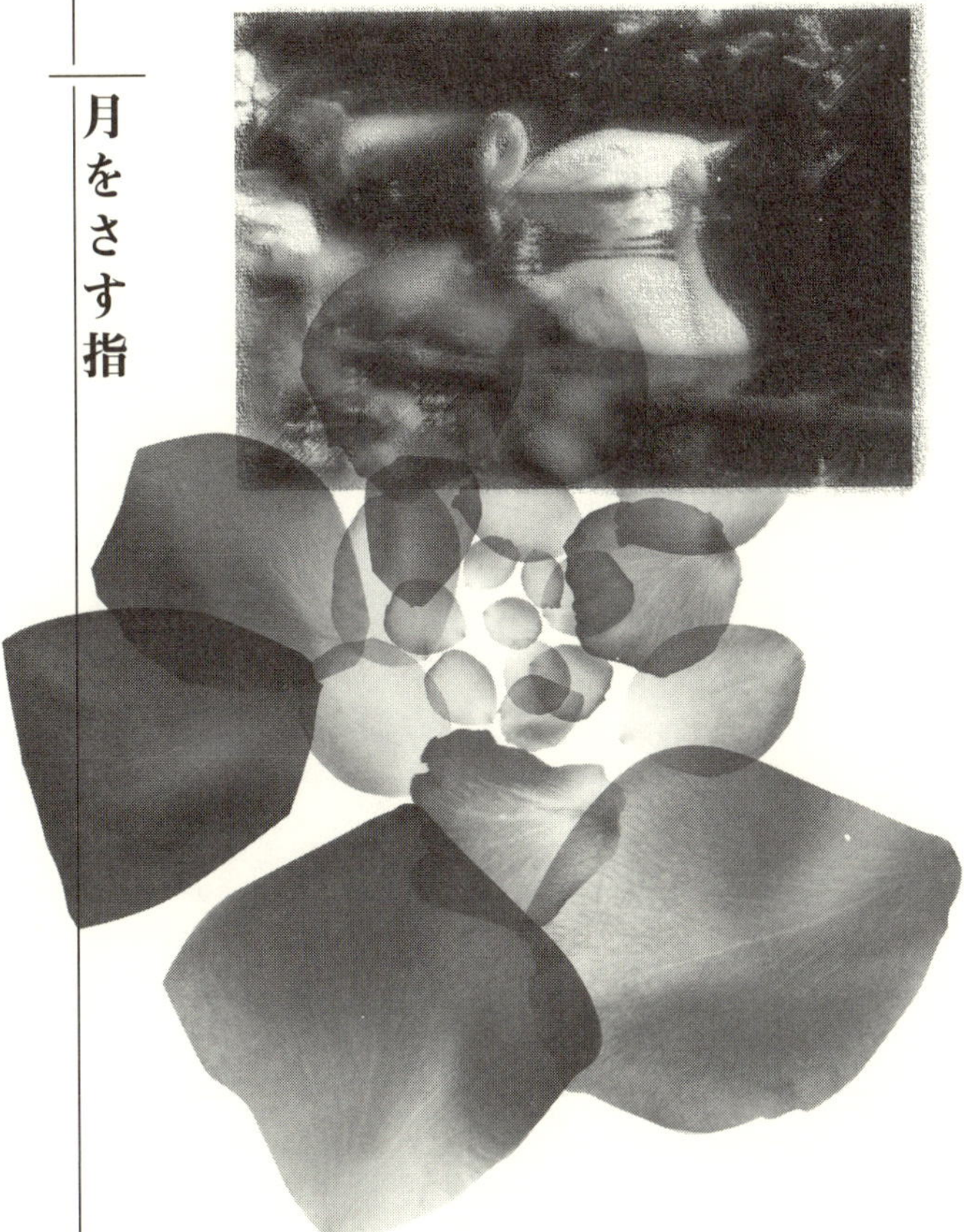

宇宙から生まれて　宇宙のなかにゐる私が
どうしてか　その宇宙から離れている
だから、わたしは寂しい……

与謝野晶子の「宇宙と私」より

月をさす指

外から見たら、ＯＳＨＯとその弟子たちの世界は理解しにくかったにちがいない。禅宗、密教、カトリシズム、スーフィズムなど、確固とした伝統をふまえた教えに則して修行したい人には、アシュラムは混乱の場所に見えただろう。師、弟子とも、その自由な言動で伝統的な組織宗教の顰蹙《ひんしゅく》をかうことはしょっちゅうだった。

が、門内を活き活きと大っぴらに闊歩する煩悩の持ち主たちの深部に蠢《うごめ》いていたのは、当然ながら、強い精神的な渇き、希求、野心だった。

もっとも精神的なといっても、希求や野心である限り自我《エゴ》に基づく願望がエネルギー源であることは、科学的希求、文学的野心といったものと変わらない。ちがうのは、手法が瞑想やセラピーを含めた個々の修練しかないということと、目標の方向が、自分の内側であるために不可視であることだ。

具体的には、弟子一人ひとりがちがうことを言うだろう。

自分は自己の内なる『神』を求めると言う人もいれば、いや『真理』だ、『愛』だと言う人もいる。『解脱』派『覚醒』派が多数を占めるだろうが、『無心』『自由』『至福』その他表現は何でもよく、また言葉はあれこれと変えたってかまわない。そんな堅苦しいこと知らないよ派もいるだろうし、何もないと言う人だってきっといる。

要するに弟子たちは皆、自分のリアリティーに最もピンとくる言葉を使って求める道を表現するにすぎない。というのも師ＯＳＨＯから教えてもらえるのは道とその方向だけで、その道をどう選びどう歩いていくかは、弟子一人ひとりが自力で探しださなければならないからだ。

それぞれの弟子の希求するものを『月』と見立てれば、ＯＳＨＯ自身言っているように、導師というのはその月をさす指だった。

この指、ある意味ではとんでもない指、きわめて誤解されやすい指である。常に矛盾だらけの指なのである。

たとえば、新米弟子の頃、眼からウロコが取れたような解放感を味わった教えに、「怒りを抑圧すると、喜びや優しさなど、他のすべての感情も抑圧される。怒りを表現できない者には愛も喜びも表現できない」というのがあった。こんな風に、怒りのような否定的感情は抑えなければいけないとする伝統的宗教者、組織宗教者を刺激するから、誤解まみれになっても不思議ではない。

それに、「おまえは十ヵ月間完全な禁欲を守りなさい。マスターベーションもだめだ」といった指示を受ける弟子たちも多くいたのに、断然多かったセックス抑圧タイプには、

「(セックスは)大声で祝い喜びエンジョイするがいい。一人のパートナーにこだわることはない」などと言って執着心を揺さぶって、抑圧にはたらきかける。

つまり個々の弟子に必要な指示を与えていくわけで、当然同じ息の下から矛盾した言葉がぽんぽん出てくる。

だがメディアは、(というより人間は)聞きたい事柄しか聞こうとしないから、フリーセックスだ、乱交だと騒ぎまわる。だが誤解を気にするような師匠ではないし、弟子もまた何でも笑いの種にするのが得意な連中だから、何を言われようとへこたれない。

OSHOのアシュラムの内側は、たしかに理解しにくいのだ。

後期には、講話に集まる外部の人々の案内係もやっていたので、わたしの一日は朝七時にアシュラムに到着することから始まって、講話のあと翻訳と雑用、ダルシャン通訳のある日は夜九時頃ま

で仕事に追われていた。私的な時間はほとんどない。ワーカホリックなみの仕事量だ。ただ仕事といっても生活のためのものではなく、月を目指すための手段だから、禅の世界の作務《さむ》みたいなもので、やりようによっては間断なくつづくグループにもなり、瞑想にも学びにもなりうる変形の修行だとも言える。

しかし実際には、わたしのスケジュールでは明らかに内向きのエネルギーと外向きのエネルギーのバランスが崩れ、前者が弱くなっていた。

わたしはまた毎日規則的に瞑想に入ることにした。

以前やっていたラティハンは、四ヵ月余りつづいた後、強烈すぎて身体に異変がおきることがあり、OSHOから、「これ以上つづけると健康なからだに薬を与えるようなもの」とストップがかかった。ラティハンの副産物は、手のヒーリング能力《パワー》だ。

ラティハンにストップがかけられてからは、仕事場がアシュラムに変わったことも手伝って、瞑想はおろそかになっていった。OSHOには、「これからはもうただ座るだけ（ヴィパサナ坐法）でいい」と言われていたのに、なかなか座ろうとしない。夜、時間があれば友人たちと食事に出かけたり、読書したりしてしまう。

エネルギーのアンバランスを感じたのは、そんなときである。最近、内側を見つめることを怠けているなとようやく気がついた。

わたしは毎夜寝る前に一時間、ヴィパサナ瞑想を始めた。

そして数か月がたった。

その頃、わたしは不眠症に悩まされていた。寝床にいる時間は五、六時間だから、どこかで眠ってはいるのだろうが眠った感じがしない。加えて夜のあいだに何回も眼が覚める。かといって昼間眠たいわけではなく、四六時中眼が冴えている。からだは堪《たま》ったものではない。食欲はなくなるし、すぐ疲れるようになっている。

しかし、内側の深いところに不可思議な神秘的な空間があって、瞑想のなかでそこに入ってしまうともう出てくる気はしない。そこに入ると、感情や頭《マインド》の動きは緩慢になり現実世界の騒音は遠くなる。不眠や疲れなどは忘れてしまう。心音は止まったかのように微かになり、物体としての肉体感覚は薄れて消え、からだがあることすら忘れていく。わたしは自由になり……いやこの言い方は正確ではない。自分の内面世界発見の手段としての瞑想のはずなのに、そこでは自分という感覚がなくなっている。「わたし」が自由になっているという感じではない。ただ純粋に意識のみが在って、それが自由である感じなのだ。それは快く、甘美で誘惑的な別世界だった。

しかし現実にはからだは歴然としてあった。痩せこけ、疲れきったからだがあった。

そんなある夜、わたしは一人の若い女性の通訳をするためダルシャンに行った。穏やかな若々しい女性だ。サニヤスの授受はいつもどおりの手順で進み、彼女のたくましい首にペンダントをかけてやってから、ＯＳＨＯは名前の説明を始めた。

「おまえにはヴィパサナという名前を与えよう」

ヴィパサナという名前は女性に与えられることが多く、けっして珍しくはない。わたしは通訳を始めた。

OSHOは、仏教の同じ瞑想法がマハヤーナ（大乗）では座禅として花開き、ヒナヤーナ（小乗）ではヴィパサナとして遺ったことに簡単に触れた。そしてヴィパサナ坐法の呼吸法を説明し始めた。いつものようにわたしのほうはちらりとも見ない。黒子なのだから当たり前だ。

説明にふっとひと息入れたOSHOがふたたび口を開いたとき、わたしはその口調にかすかな変化が起こったのに気がついた。しかしその頃はもう眼の隅で彼の顔を盗み見ることもしなかったから、半眼の通訳の姿勢のままでいた。が、次の瞬間、額の真ん中が熱くなり、うしろから見えない腕にぐいと肩を押された感じになった。わたしに何かを聴かせたいのだろうか。OSHOは言っていた。

「ヴィパサナは夜やってはならない。とくに寝る前にやったらひどい不眠症になる。これはヒナヤーナの僧たちが何世紀にもわたって悩まされてきたことだ」

思わず息を飲んだ。信じられない……

あわてて通訳に戻りながらも、わたしは唖然としていた。

わたしがこの数か月、毎夜寝る前にヴィパサナに入っているのを知っている人は誰もいない。OSHOにも相談していない。この瞑想は以前ラティハンを止められたあと許可されているから、べつに必要ないだろうと思っていた。ぐずぐずしていて始めるのが遅くなっただけだ。

ヴィパサナという名前を与えたため、たまたま不眠症の話になったのか。偶然ということはもう信じないにしても、これは……

「ヴィパサナは、意識を冴えさせよう醒めていようとするための瞑想だ。夜やると、それは眠りを妨げてしまうことになる。瞑想のなかの世界は美しい。その美しさに陶酔して、痩せて眼の下に隈をつくってまでも瞑想に入るとしたら、現実逃避の手段になっていく」

うえっ……わたしはかろうじて自分の眼の下の隈に触れそうになった手を抑えた。なぜ知ってるんだ？　どうやって？

「瞑想が麻薬であってはならない。神聖な寺院である自分の肉体をないがしろにするのは冒涜だ」

ばしっ！ばしっ！と、見えない警策《きょうさく》（励ましの棒）がわたしの両肩を打った。月を追いかけて見当ちがいの方向を走る弟子を、またまた師は見えない腕を伸ばしてとっ捕まえた。

ＯＳＨＯがわたしの毎夜のヴィパサナや不眠症を見抜いたのは、よく考えれば別にミステリーではない。弟子が瞑想に親しんでいるかどうか、あるいは怠けているかどうかを見るのは導師にとっては朝飯前だろうし、瞑想がどう進行しているかだって見ていて当たり前だろう。導師とはそのための存在だといってもいいのだから。

大事なのは、わたしがまたもや軌道修正してもらったということだ。月を目指すには、やはりどうしても『指』が必要なのだった。

プッシュボタン式反応

ＯＳＨＯはよく弟子に、「おまえたちのプッシュボタン式反応」という表現を使った。

このプッシュボタンという表現も、条件づけによる人間の反射パターンと複合的に関わっている言葉だが、ここでちょっと、半分体験的半分受け売りの解説をしてみたい。

人は無数のボタンを持ち歩いていて、一つ押されると、同じ反応を示す。Ａボタンは、押されるとかならずＡ反応を示す。そして自覚や自省を通して学んでいかないかぎり、それは機械のように一生繰り返される。

ボタンの種類は人それぞれちがう。ここでボタンを押すのは他者《ひと》や状況である。たとえば、ひどいことを言われて「気に入らないボタン」が押されると、かならず腹を立てたり憤慨したりする。「エゴに痛いボタン」が押されると、かならず不愉快になる。「エゴくすぐりボタン」を押されると気分が良くなり嬉しくなる。

ボタンの押され方こそ違え、「このボタンにはこの反応」と決まっている。日常、むっとしたり苛立ったり、いい気分や嫌な気分になったりの多くは、このプッシュボタン反応にすぎない。

ということは、人の反応のほとんどは惰性による条件反射みたいなもので、その瞬間瞬間の生きた対象や情況をよく見きわめもせずにやってしまう機械的反応だということだ。

これでは一瞬ごとに動いていく生命の流れを見失って当然だ。活き活きと自然に即応《そくおう》することができないとしたら、工場の作業用ロボットと大して変わらない。

これは確かに真理で、身に覚えのある人は多いだろう。

一方対応とは、反応という機械的な応じ方とはちがって、そのとき、その場で自然に起こる対応、その情況や対象の状態に即した臨機応変で自在な対処のことだ。

じつはこれ、ひじょうにむずかしい。

わたしにとってこれが可能になるのは、自分のなかに、対象や情況を冷静に見ることができるようなある種の距離、ある種の空間が生まれているとき、言い換えれば、自分の存在の中心が安定しているときだけだ。むずかしいのは、わたしたちは日頃無意識に、何事にも前もって「こうなったらこうしよう」と対処の仕方を考え決めておくからで、まさに、ボタンを常に磨いてロボット反応の用意をしているからだ。

では、前もって対処法を考えられなかった事態に出喰わしたらどうなるだろう。ここでは一つエピソードで例をあげてみる。

ニラーラという名の日本人男性の弟子がいる。わたしより一年半ほどあとに入門した人だ。世代もほぼ同じ。

ニラーラは大概一人でいる。ときおり可愛らしい若い女性といるのを見かけるが、それ以外には人と話している姿を見たことがない。据わった眼をしている人で、雰囲気に軽薄なところがない。かといって厳しい顔つきというのではなく、ただ、日本人に多く見られる「いつでも即ニヤニヤ笑いできます」風な、お人好し的迎合的な表情はしていないということだ。

このニラーラと、わたしはアシュラムの前の通りですれ違うことが何度かあった。

当時、わたしは自転車を利用していた。自転車に乗っていれば、物売りやベッガーたちに囲まれることもないし、男たちのインド式凝視をかわすこともできるし、リクシャーより安上がりだし、というわけで、モンスーンの時期でなければ自転車は便利だった。ただし、交通ルールはあってないようなものだから、交通量の多い大通りでは厳重注意だ。恐いのはまず、どこから現われるか判らない神風リクシャーとバイク、犬。聖なる牛はスローだからいいが、山羊は多勢に無勢で囲まれたらお手上げだ。勿論、前を見ずに脇の何かを見つめながら走る若者自転車も危険である。

それはともかく、ニラーラといつもすれ違う道は、邸宅街の道だからそれほど交通量はない。彼のほうはいつも歩いている。

最初にすれ違った日のことだ。わたしはスピードをゆるめて彼に笑いかけ、「コンチワァ！」とあいさつした。彼は一瞬そのぎょろりと大きな眼をわたしの眼と合わせ、また前を向くとそのまま歩きつづけた。にこりともしないし、「コンチワ」と返すでもない。ただ、じろっ、で、すっと行ってしまった。

わたしはたちまちボタンを押され、「なんだ、あの態度は！　こっちがせっかくあいさつしてるのに」と腹を立てた。知らない間柄じゃないはずだ。まったく失礼な男だと、わたしはかっかっとしながらボーディダルマの階段を登っていった。

それから数日後、わたしは、またニラーラと同じ道ですれちがった。今度はわたしがアシュラムから出てきたところ、彼のほうはアシュラムに向かうところだった。先日のことがあったが、感情を引きずることはなくなっていたので、わたしはまた自転車のスピードをゆるめ、「コンチワー」と声をかけた。

彼は、またこのあいだのように一瞬まばたきせずわたしの眼を捉え、またまた顔を正面に戻すと何も言わず歩きつづけた。

直ちに数個のボタンが同時に押された。

「二度もこっちがあいさつしてるのに、なんてこった、アイツは！」

今度もロボット反応は素早かった。だが、厳密に言えばこの「二度も」は、「二度もボタンを押された」であるし、「こっちが」は「こっちが勝手にあいさつしてるのにすぎない」である。つまり自分の思う通りに相手が反応しなかったのが気に喰わないだけの話なのだ。

二度あることは三度あるようで、その数日後、三たびわたしたちは同じ道ですれちがった。ニラーラの姿を遠くに見つけたわたしは、「ようし今日こそ」と意気込んだ。

「スワミよ、今日こそあいさつ返したほうがいいぞ。もしまた黙って横向いたら、どうなるか分かんないぞよ」と、一つ深呼吸してニラーラのほうを見た。彼がもし今日も知らんぷりしたら、自転車から降りて文句の一つも言ってやろうという「ようし」だった。

ニラーラが近づいてきた。

わたしもスピードを落とした。そして、眼が合った。わたしは「コンチワ」と言おうとした。そのときだった。

「コンニチワ」とニラーラが柔らかい声で言い、わたしとしっかり眼を合わせるとにっこりした。屈託のないすがすがしい笑顔を向けられて、わたしの自転車は一瞬バランスを失い短く蛇行した。転倒しないように必死にハンドルを左右させながら、わたしが「ンチワァ」と小声でようやく応えたときには、ニラーラはもう後ろ姿を見せていた。

やられた、見事にやられた。

その日わたしは一日中、一人で思い出し笑いしていた記憶がある。

ニラーラとのこのときの三回のすれ違いは、自分のプッシュボタン式反応に関して象徴的で印象的な出来事として、内省のいいきっかけとなった。


もし誰かの態度が感じ悪かったら、腹を立てたり落ちこんだりする必要はない。感じが悪いのはその人の問題で、こっちの問題ではないのだ。澄まして素通りさせればいい。

ただ要注意は、ついうっかり機械的に反応してしまって感情が動いたときだ。そのときには、他者《ひと》を傷つけないように発散するほうがいい。コンチキショーと思ったのに、それは自分の問題じゃないなどと悟り澄ましていたりしたら、それこそ自己幻想の罠に落っこちる。

こんな風に月を指してくれる指は、スケールの小さい小指だが、友人のなかに、行きずりの他人のなかに、日々の生活のなかにもあるのだ。

副産物は副産物

わたしのように精神世界にまったく無知のまま飛びこんでも、瞑想による副産物はいろいろ出てくる。なかには俗に超能力と呼ばれる現象もある。もっとも現象が起こっても、それが何であるか知るのはあとになってからのことが多かった。

眼を閉じていても白光が輝いたり、眉間に青い光が絶えずあるなどというのは誰にでも起こる初歩的な現象だろうし、オーラが見えたりヒーリングパワーがついたりするのもついでに起こることで、ついでのことは「ああそうか」と放っておくことにしている。そうすると消えていくものもあるし残るものも出てくる。

愛している人深く関わっている人、親しくなくてもエネルギーの波長がたまたま似通っている人などとは、当人に関係なくテレパシックな認識ができることがある。わたしの場合、そういう人のエネルギーは数百キロ四方の範囲のなかでは感じることができるし、至近距離にいたら、何を考えているか大体分かる。いわゆる勘、直感力の一種だろう。

オレゴンのコミューンでそういう人といっしょに、ひじょうに忙しい仕事場で仕事をしたことがある。そのときには相手も同じような認識ができたので、仕事は愉快なくらいスムーズだった。眼を合わすだけで互いに何を考えているか分かるのだ。ただし相手の了解がない場合にそうした認識をしてしまうのは、領海侵犯になるから慎んだほうがいい。

これはどうやら、例のイエスとノーを首ふりで表わした無意識層のはたらきではないだろうか。この広大無辺な無意識層に関しては、心理臨床家のM・スコット・ペックがいみじくも「わたしたちより賢いわたしたちの部分」と呼んで、「表層意識より無意識がほんとうのことを知っている」と言っている。

これらはすべて、個人差はあれ人間なら誰でももつ潜在能力で、じつは超能力でもなんでもない。魔力だとされ迫害を受けて消失したり、生活形態が変化して使用されてこなかったために退化しただけのことだろう。

瞑想、修行、鍛練などで、人間は、眠っている本来のとてつもない能力を目覚めさせ、身につける無限の可能性をもっている。現在の科学では立証できないからといって、わたしたちがそういう生きものであることを否定する必要はない。将来どうなるか判らないのだから。

しかし特殊能力を身につけることが目的の訓練ならともかく、『月』を目指そうというのなら、副産物として出てきた能力などはあくまでも副産物として扱いたい。ＯＳＨＯがしばしば言っていたように、副産物を過大評価して道に迷う人の数は、けっして少なくない。副産物はダイヤモンドではなく、ガラスの模造品でしかない。

それにまた、『月』を求めて歩む道のガイドブックには、身についた余計な存在の汚れや条件づけや煩悩などを失う歓びはあっても、ご利益や見返りを得る喜びは書いてない。

死にたくなかったら

さて、アシュラムは破裂寸前《パンク》状態になっていた。それほどに人が増えていた。西洋人が大多数をしめるが、日本人、南米人、アフリカ人、勿論インド人も少なくない。

門のなかは溢れんばかり立てこみ、門の外、つまりプネーの街のどんな小さな通りにも、胸にペンダントを下げた外国人がいる。当然地域住民とのトラブルが頻発するようになり、ＯＳＨＯは秘書のラクシュミをインド中巡り歩かせて、引越しできる土地を探させていた。わたしたちは、新しい地に移ったらアシュラムを超えた宗教的コミューンになる、史上類を見ないような高次の意識を伴った完全に新しいコミューンになる、と聞かされていた。

しかし、いつまで経ってもラクシュミの姿は見られず、そのうちに、プネーの南西の荒野に建つ古い城砦に、アシュラムから百人送りこんで実験的に一からミニコミューンを立ち上げるという計画がオフィスから発表された。

その百人がどう選ばれるのか誰も知らなかったし、また誰もがその不幸な百人の一人になるのは絶対に自分ではない、ほかの誰かがついてないヤツだと思っていた。わたしも例外ではなく、馴染んだアシュラムを出て人里離れた荒地の砦で慣れない建設作業なんかすることになったら、それでなくとも強靭からは程遠い身体がもたないだろうと思っていた。

だが思惑はみごと外れ、わたしは百人の一人に選出され、コミューン建設という予想もしなかった素晴らしい強烈な創造の渦巻きのなかに放りこまれることになった。


このコミューンの舞台になったのは、サスワッド砦という十六世紀に建てられた頑丈な石造りの城塞だった。この妖《あや》しいまでに劇的な空間を舞台に繰り広げられた百人の愉快かつ壮絶なドラマは、残念ながらここでは紙面に限界があって言及できない。だが、機会があったらいつかぜひ書いてみたい。

ともあれ、コミューン建設に伴う苛酷な環境とハードな肉体労働からか、わたしは砦に入って数ヶ月でからだを壊し、医師に「死にたくなかったら、インドを出たほうがいいよ」といわれる羽目になった。

しかし、死にたくはないけれど、インドを離れる決心はそう簡単にはつかない。

からだのなかの声が、インドを出るんだと言っているのが分かる。だが、それでもわたしは決心がつかないでいた。

もう帰るところがなかった。

アメリカでの生活は清算してあったし、日本の住居や持ち物も、二度めに帰国したとき全部整理してしまっていた。背後に生活手段を残せばそれに束縛される。整理してしまったのは、自分が何を求めているか解った今、その未知の深淵に束縛なしに素裸で全力で飛び込みたかったからだ。頭の隅に気にかかるものがあるまま何かに打ちこむなんて、不器用な自分にはできないと知っていたからだ。

だがあの日、苦労して手に入れた貴重本を含む蔵書が、軽トラックでやってきた馴染みの古本屋の手でつぎつぎ本箱から消えていったとき、寂しさでからだから力が抜けてがっくりしたのを憶えている。しかしひとたびトラックが走り去ってしまうと、身軽になって、踊りだしたいような解放感を覚えたことも事実だ。そして、その本代が旅費になり、プーナでの部屋代になった。だから帰るところはもうない。

それともう一つ、ＯＳＨＯから離れたくないということも決心のつかない理由だった。いつの間にか、月をさしている指そのものを愛するようになっていた。指への執着と依存心が、帰るところのないことと相俟《あいま》って決断を鈍らせていた。」

そうしているうちにからだは眼に見えて弱っていった。そしてちょうどその頃アシュラムでは、ＯＳＨＯは持病が悪化して毎朝の講話もやめ入門の儀式にも出てこなくなっていた。

一九八一年三月、ＯＳＨＯは沈黙の人となった。

ダルシャンにつづき、講話も終わりになった。背中の状態が悪化し、もう講話をつづける体力がなかったらしい。これは、弟子にとっては衝撃だった。

毎朝二時間、下手なジョークを交えながら女性的なゆったりした声で弟子たちを、あるときは叱り飛ばしあるときはくすぐって、それぞれが目ざす月への典雅な『指』となっていた講話、毎日つづくのが当たり前と受けとめていた最後の直接指導、それがついに終わってしまったのだ。何ごとも同じままではいないという、生のそして大自然の原則を、わたしは痛いほど感じさせられた。

しかもサスワッドでは、ようやく約束された一日おきの講話出席が始まったばかりだった。出席する日には五時起きをして冷水シャワーを浴び、朝六時に砦を出るアシュラム行きのバスに乗れば間に合う。せっかくのこの取り決めもムダになるかとがっかりしたが、四月の半ばになって、少し回復したＯＳＨＯが講話の代わりにサットサング（霊的体験の証《あかし》）に出てくるという。

アシュラムでのサットサングは、無言の師が弟子とともに座ってその沈黙を分かつというものだ。師弟のあいだのこの一時間の無言の交流はある意味では講話以上に強烈だった。

わたしが初めて出席した朝、ＯＳＨＯはそよ風にも吹き飛ばされそうな弱々しい歩き方で、それでもいつものように満面笑みをたたえて合掌しながら現われ、ゆっくり、講話のときと同じ椅子に座った。そして眼を閉じた。

久しぶりに見る華奢《きゃしゃ》になってしまったＯＳＨＯの姿に、わたしはしばらく眼を閉じたくなかった。

わたしは出国することを決めた。

一週間後、所持品は小さなスーツケース一つになっていたわたしは、プネー駅からムンバイ行きの特急に乗りこんだ。

ＯＳＨＯにグッドバイは必要なかった。彼のもとを去るからといって、月を求める旅が終わったわけでも中止したわけでもない。道はむしろ、今まで以上に困難になるだろう。

月をさす『指』はまだまだ必要だ。これからはいつ直接指示を受けられるかはわからない。でも、親しみ愛した『指』が胸のなかで、両眉を大きく上げて大きな眼でじっとわたしを見張っているだけで心強い。そして、彼にありがとうを言う必要のないことは身にしみて知っている。

窓の外には褐色の大地が広がっていた。この赤茶けたデカン高原もあと一週間もすればモンスーンが始まり、したたるような緑が戻ってくるだろう。

わたしは窓の外を見つづけた。自分の生が音もなく次の位相に滑り移っていくのを、傍観者のように見ている感じだった。

わたしがインドを離れた三日後、ＯＳＨＯは少数の側近のみを連れてプーナを去り、アメリカに渡った。悪化していた持病の治療のためだった。その後彼は、オレゴン州の山中の広大な丘陵地に大規模なコミューンを創り、各国に散っていた弟子たちを呼び寄せた。

帰国後、わたしは日本でＯＳＨＯ関連の仕事をいくつかを手がけていたが、二年経って彼のコミューンに合流した。

第七章

ちょっとだけ、オレゴンのコミューン

神が宇宙を相手にサイコロ遊びをしているとは思えない。
A・アインシュタイン

わたくし、光明を得たようで…… すが

わたしの手許に、何十回もの引越しを生き延びて残ったA4サイズの紙が二枚ある。年代は十数年をへだてているが、二枚とも右下にOSHO自筆のサインがされてある。

古い方の一枚はOSHO門下にはいったときのものでアナンド・ナルタンと書かれてあり、もう一枚には、サムボーディ・アナンド・ナルタン、アチャリヤと書かれてある。こちらはオレゴンのコミューンで経験した、ある青天の霹靂《へきれき》的エピソードのおりのOSHOからのプレゼントと言えようか。

わたしが合流したとき、コミューンはすでにかなり形ができていた。プネー時代と違って翻訳セクションはなく、「日本係」の役をつとめる必要もない（後半の時期にはまた「日本係」が戻ったが）。東京でのような、あれやこれやの仕事に追いかけられて睡眠時間をけずることもない。そのことがなんとも軽快で嬉しかった。

それでも到着して次の日から、丘の上に建てられた、マグダレーナという巨大なキッチン／カフェテリアに配属され、アメリカ製の重い大きなモップをあてがわれて一日中床掃除をする仕事を与えられた。だが悲しいかな、長年のデスクワークしか知らない筋肉貧乏の細身のからだは、まずこの大モップと大格闘することになる。

住まいは4人用のテント。これは、真夏に開催される大規模な祝祭、サマーフェスティバルに世界中から参加する何千人もの人の宿泊施設として谷いっぱいに立てられたもので、そのいくつかが残され、わたしたちのような夏からコミューン合流の新参者の、住居が定まるまでの住まいとなっていた。

オレゴンの山中は亜砂漠地帯のため、夜は冷える。夏のあいだはテントでもよかったが、秋風が吹き始める9月に入ると、テントの土台は木製スノコ状だから、隙間からこの山岳地帯特有の赤土の冷気が昇ってきて、ひんやりとからだを包み始め、さすがに本物の壁や床が恋しくなる。フェスティバルのあと居残りしていたアメリカ人たちの姿も月半ばには見えなくなり、テントそのものの数が少なくなっていった。

テント暮らしの新参のほとんどは、古参弟子たちだった。

ある雨の夜、テント住人用のシャワーと洗濯のためのプレハブ施設で、以前から知っているオーストラリア人女性とマニーシャとわたしの三人が顔を合わせた。

ダルシャンでOSHOの記録係をしていたマニーシャはプネー、サスワッド砦以来の同志だ。今は清掃部であちこちの掃除をしている。互いに掃除道具についての深遠な霊的意義について意見を交わして大笑いしたあと、誰ともなく、どうもわたしたち古株は、ラクシュミの後釜としてOSHOの秘書となったシーラの率いる幹部たちに嫌われているらしい、だからいまだに住居がもらえなくてテント暮らしなんだ云々でまたひと笑い。そして、

「でもここら辺は十月の半ばには氷が張るっていうから、それまでにはなんとかしてくれるんじゃない」

という楽観は簡単に裏切られ、わたしたちは枕元に氷が張って凍える朝を何回か味わったあと、十一月になって、ようやくそれぞれが、あちこちの谷に立てられた山小屋風二人用キャビンを割り当てられてテント生活は終わった。


そんななか、わたしは床掃除から野菜切りに昇進し（?）、なぜか一年後には、キッチン全体の責任者になっていた。しかしここはOSHOのコミューンだ。普通の組織とはちがう。何が起こるか起こるまではわからない。というわけで、わたしはある日突然コーディネーター業から異動にな

り、警備部のガードになった。

ガードとは、唯一ボーイスカウト崩れのようなユニフォームを着て、二十四時間三シフトで、谷中あちらこちらに建てられた見張り小屋のようなブースに詰めて警備する役割だ。

見張りブースはたいていコミューンのある丘陵地帯と外を結ぶ道路沿いに建てられている。丘陵といってもコミューンの周辺に緑は少なく、半砂漠の荒地に、よくハリウッド西部劇のロケに使われたという奇岩を乗せた峻険《しゅんけん》な岩山が次々とつづき、乾いた荒涼とした大地からは、ときどき、昔インディアンたちが使った石斧の刃の欠片や石製の矢尻が見つかる。そして夜になるとコヨーテたちの遠吠えが聞こえ、ときには月明かりの下、道路の端っこを頭を低く下げて歩くその姿をブースの窓から見ることができた。

見張りは基本的には二人で組んでやるのだが、コミューンの中心地域の道路が交差する場所には小ぶりのブースがあって、そこには一人で詰めることになっていた。


当時、OSHOは毎日午後二時になると、住まいから出てコミューンの主要道路をゆっくりドライヴするのが日課だった。

OSHOは後《のち》には自分で運転していたが、始めの頃はシーラが運転し、OSHOは後部座席に座ってわたしたちを一人ひとり見つめながら合掌してくれるのが常で、わたしたちは、道路の端、車の進行方向の左側に並んで師匠に挨拶するのが習慣になっていた。挨拶の仕方はそれぞれ勝手で、小さなタンバリンを手にからだを揺らせてダンシングスタイルの者、手を振る者、ただ合掌する者とさまざまだ。

わたしはといえば、これが一日のうち自分の内部を見つめることができる数少ない時間だったから、道に並んでOSHOの車が通り過ぎるまでの二十分か三十分のあいだ、合掌して眼を閉じ内側深く入りこむ。それがOSHOへの挨拶だった。だからOSHOの姿はほとんど見ていない。内側に沈み、その寂《じゃく》とした透明で限界のない底無し空間にひとたび入ってしまうと、静かな快感が広がり、そこから出てくるのがむずかしいが、OSHOが眼の前を通り過ぎる気配は微かにわかった。

ある日、夏のフェスティバルの一ヶ月ほど前だったと思う。わたしは夜、OSHOの住まいに行くようにと言われた。それまでにも二回よばれたことがあったが、二回とも昼間だった。

久し振りにOSHOに会えるんだと、老子館《ラオツハウス》に呼ばれた夜、わたしは緊張と嬉しさが交互する軽い興奮状態にあった。それでもいったいなぜ呼ばれたんだろう。当然、呼ばれたのはわたし一人ではない。集められたのは二十一人。ほとんどが見慣れた顔だ。マニーシャがいた、ハリダスがいた、ヒンドゥ語出版部だったインド人のナレンドラがいた、セラピストのサントッシュとラジェンがいた。これはいったいどういう集まりか。

OSHOの居室のひとつに導かれた。

ひやりと冷たい空気。晩秋の夜明けの冷たさだ。OSHOの居室は冷房が強く効いていた。わたしたちはOSHOの椅子の前に、ごく自然に半円を描くかたちで座りこんだ。どこか昔のダルシヤンを思い起こす光景だった。

その夜、わたしたちはＯＳＨＯに秘伝を授けられた。

その秘伝とは……詳しくは述べられないが、簡単に言えば、弟子のなかから「光明を得た者（解脱した者）」をピックアップするのがわたしたち二十一人の役割で、伝授されたのはその選出のための秘法だった。

その夜、帰途、館を出てゲートに向かう暗い砂利道を歩きながら、一人ひとり不思議な感動につつまれ、口をきく者はいなかった。

次の日、わたしはコミューンの中心地にある警備ブースに一人で詰めていた。

お昼過ぎごろから、ブースの前の通りが何かヘンだとわたしは気がついた。大きなフェスティバルの前だから少しずつ人が増えてきている。外からの、所謂ビジターと住人のちがいは服装でも表情でも振る舞いでも分かる。ビジターはときおり，制服姿のガードとブースが物珍しいとでも言うように手を振ってくる。ところが今日は住人たちが何人も、こっちを指差しながら手を振ってくるのだ。

何かヘンだ。付き合いのない住人たちまでなぜ急にわたしに手を振る？

夕方になり、次のシフトと交代して食事のため古巣のマグダレーナに行くと、ここでは多くの複雑な笑顔に遠巻きにされた。そう、複雑な笑顔で遠巻きだ。今日は何かヘンだ。

そのなかから、知り合いの年長で白髪のアメリカ人男性が、揶揄《やゆ》とも好奇心ともとれる口調で話しかけてきた。

「どう？　光明を得た二十一人の一人に選ばれた気分は」

わたしは一瞬あ然とした。

そうか、そういうことになっていたのか。

聞くところによると、昼前に、光明を得た弟子としてＯＳＨＯが選んだ二十一名の名前が発表されたのだそうで、つまりそれが昨夜のメンバーだったのだ。

ええっ！というのがわたしの率直な思いだったが、そのときから、わたしの予期せぬ受難の日々がはじまった。

わたしの周囲には、友人以外のさまざまな人たちが集まってきた。こういうときに人は裸になるのか、本性が現われるのか。

それまでわたしの挨拶は無視していたのに、急にニコニコとハグしに来た古参の弟子。わたしをバカにしていたはずなのに私たちは古い友人なのと周囲に突然披露した人。あんたは光明なんか得ていない、そんなはずがない！と怒った日本人男性ビジター。

善意を全身で表わしておめでとうと言ってくる人、好奇の眼でじっと見つめる人、からだに触ろうとする人、突如人生相談を持ちかける人。

悟りについて議論を吹っかけてくる人や質問攻めにする人、猜疑心露わに真偽チェックしようとする人もいた。これというのも、ＯＳＨＯの弟子が百人集まったら百の、いや百以上の「光明を得るとはどういうことか」についての思い、知識、理論、信念、哲学エトセトラがあり、仲間が突然覚醒して光明を得たなんて、自分の物指しで確認しなければどうにも受け容れられるものじゃないということだろう。

とくに、「あなたはどこでどうやって光明を得たのか」と誠実な感じで追求してくる人が多かった。気持ちが理解できないわけではないが、わたしは自分がその頃、気持ちの良いすがすがしい内的空間にいたということしか思い当たらない。それがイコール大悟解脱とはなるまいが、師の思惑をあからさまに否定はできない。

そして以前からの本当の友人たちは、当惑ぎみの笑顔で黙ったまま、そんなわたしを遠くから見ていることが多かった。

何日もつづいてこのような情況に置かれると、わたしは生気が吸い取られていく感じになり、疲労困憊していった。これはわたしだけではなかったようで、半病人状態になってクリニックに行くと、「あなたたち（二十一人）の半分以上が来ているよ。そのうち四人は入院している」と告げられた。

「実はわたしも入院したいんだけど」と言うと「残念ながらその四人も退院させられることになっている。あなたたちを入院させてはならないというお達しなんだ」という答えがかえってきた。

わたしたち二十一人には奇妙な微妙な圧力がかかっていた。それがＯＳＨＯからなのか、シーラ中枢からなのか、おそらく両方からだったのだろう。

否定も入院もしてはならない、言ってみれば、フェスティバル前の、普段より三倍以上膨れ上がったコミューンの人波のなかに、わたしたちは額に「光明を得ました」という文字の刻印を押されたまま放り出されたのだった。

冒頭に述べたＯＳＨＯのサイン入りの紙は、そんななかで二十一人に与えられた。わたしはアチャリヤだったが、シッダの称号を貰った人もいる。

住人ビジターに関わらず、この二十一人のことは、とにかく一般の弟子には簡単に受け容れられることではなく、大事件であり、大嵐が海原を渦まいて容赦なく攪拌していくような勢いで、疑惑と嫉妬の暴風がコミューンの海を吹き荒れた。

そしてＯＳＨＯはまたしてもそんな弟子たちの右往左往を見ていた。

フェスティバル週間の只中、次の、第二次の二十一人が発表された。そしてその後まもなく三番目の二十一人が発表になった。

その頃、わたしはガードの役から再びキッチンの、ただし今度はポートランド(オレゴン州の首都)

にあるコミューン経営のホテルのキッチンの責任者になっていた。スタッフ五人の小さな地下のキッチンだ。これで少なくとも周囲にまとわりつくように集まってくるあらゆる種類の眼、眼、眼からは逃れられた。

三番目の二十一人が発表された頃には、弟子たちの混乱は頂点に達し、意見を聞かれてもわたしは首をすくめるしかなかった。ちょっと愉快だった。

そしてついにOSHOはあるひと言で、弟子たちの疑惑と嫉妬と混乱のカタをつけた。

「あれはすべてジョークだった。おまえたちはわたしの仕掛けたジョークに引っかかったのだ」

わたしたちは解放された。弟子全部が解放された。

しばらくしてある日、わたしはバス停でマニーシャに出くわした。あの夜以来初めてだった。

彼女は、「ナルタン、わたしたちまたエンダークンしたわけね」

エンダークン(endarkened)つまり、「光明を得る」がエンライトン(enlightened)だから、それにかけて「無明を得ちゃったわけね」と言ったのだ。わたしも「ホント、ありがたいことにね」と答えて笑いあい、その後二十一人が人々の話題になることはほとんどなくなった。

OSHOがコミューンを去って二ヵ月後、わたしもコミューンを離れた。

あとがき／タイトルの後《うし》ろ側

この回想記からＯＳＨＯの導師としての姿を、ほんの一面ですが知って頂けたら嬉しいです。このなかではあえて年代などは書きませんでした。ＯＳＨＯは時間や時代を超えていると思ったからです。

タイトルでわたしは自分自身を迷宮《ラビリンス》とみなしたのですが、これは突きつめればわたしの目指した「月」に関わることで、つまりわたしは自由という「月」を求めてＯＳＨＯという「指」の指導を仰《あお》いでいたのです。そして瞑想という「月」実現のための手段を何年か体験していくうちに、あるときその指が自分自身をさしていることに気がつきました。

自由を求めるとき、何よりもその行く手を邪魔しているのは自分自身であるということです。そしてその自分自身を解《と》きほぐす旅を始めて愕然とし、同時にうんざりしてがっかりしたわけで、なぜならその自分自身の姿とは、さまざまな感情や思惑、欲望や疑念、戸惑いや不安といったガラクタに邪魔された迷路、果てしもない迷宮だったからです。

しかし厄介なことにこのガラクタも迷路状態も簡単に捨てたり抜け出したりできるものではなく、ただ唯一、ひたすら瞑想をつづけることで脱出の手がかりは見つかるのではないかというはかない望みを頼りに進むほかありませんでした。

瞑想のなかで体験することは人それぞれでしょうから、ここではわたし自身の経験をお伝えしたいと思います。

瞑想をつづけていくと、自分のなかのゴタゴタや混沌は消えないものの、瞑想を始めたばかりの初期には味わえなかった歓喜や開放感の広がりに包まれていくようになります。内側に空間が生まれてくるのです。そして、ひとたびその空間に入ってしまうとなかなか出てきたくなくなります。

それに関してわたしはOSHOに叱られたことがありました。叱られたことは何回もありますが、このときはわたしがヴィパサナという瞑想に入っていたときで（本文「月をさす指」参照）、瞑想の世界の美しさに陶酔して、やせて眼の下に隈をつくってまでも瞑想に入るとしたら現実逃避でしかないと、見えないコツンをくらったのです。

というわけで、瞑想のなかの、この恍惚とさせられる空間で感じる一種の開放された感覚はかなり自由に近いのではないかとも思えるのですが、残念ながらそれでもそれは迷宮《ラビリンス》のなかでの自由、限定的自由でしかありません。

では、人はいったいどうしたらこの迷宮から脱出して自由になるのでしょうか。

私見ですが、死をもってしても抜け出せないのがこの自分という迷宮のようです。ただ、唯一この迷宮《ラビリンス》から解放される瞬間《とき》があります。それは瞑想のなかです。しかしその瞑想はわたしたちが自分から意図して実践する瞑想ではなく、意志にかかわりなく起こる瞑想のなかなのです。

そうした瞑想を、わたしは何回か体験しています。

一度は、肺炎で入院していたときでした。ある夜おそく、暗いなか、ぜいぜい肩で息をしながら痛む胸をおさえて、夜光灯にぼんやり照らされた病室の天井を見つめていると、からだの深い部分、苦痛の向こうから、夜明けの空気にも似た澄んだ美しさ、静かな歓びが湧いてきて、同時に、それに向かって自分が落ちていくような、吸いこまれていくような感じになり、世界全体に恋しているような、宇宙をそっと抱きしめ抱きしめられたいような融合感に包まれていったのです。

また、ある午後、スコールがきたときでした。あたりは豪雨につつまれて神秘的な真昼の薄暗さがひろがり、わたしはぐしょ濡れになりながら、雷雨や嵐が好きだったこともあって、もっと降れもっと降れとスコールの轟音を楽しんでいたときでした。このときもわたしは自分がその不可思議な神秘的な次元に引きずりこまれていくのを感じていました。そのときには、わたしの内側の深部があたかも世界の、いや宇宙の深部につながっているような感じになり、そこから何か透明な強い力が渦巻きのように下降し、わたしの存在の核をより深く中心に引きずりこもうとしていました。その強烈さに、わたしのマインドは一瞬恐怖にかられました。それは自分が失われるのではないかという恐怖でした。

しかし力のほうが強く、恐怖を吹き飛ばして、日常の時空は完全に消え、何もなくからっぽであると同時に濃密に充満している次元に引きこまれたのです。


こういったかたちで瞑想が起こるとき、それは自分に関係なく、いやおうなく底なしの無音の深淵に引きずりこまれ、何もない半透明の虚《きょ》に包まれ、不可思議な、しかし静かなオルガズミックな空《くう》に落下していきます。上空に向かって落下していくとでも言っていいでしょう。

そこには意図して入ることはできません。それは宇宙からの小さな贈り物として与えられるもので、求めても得られません。

そしてそのとき初めて迷宮《ラビリンス》が消えます。

じつは消えたという実感はなく、あとになってそのことに気づくだけです。迷宮に戻って初めてその迷宮から解放されていたことに気づくのです。


さて本書はもともと、某大手出版社の編集者から依頼されて執筆したものですが、原稿が仕上がって内容を読んだ編集者は、神秘体験の件《くだり》で「これはちょっと……」となり、わたしに書き直しや削除の意思がないことを知って企画は流れてしまいました。その後も、もう二社の大手と中堅出版社が関心をもってくれましたが、両社ともやはり神秘体験のところがネックであったらしく、出版話はそこで挫折したまま、原稿は私のPCの片隅で眠っていました。

神秘体験は、確かにいわゆる社会の常識の範疇の外に置かれるであろう内容ですから、出版者さんたちの気持ちは理解できます。しかし事実は事実、わたしは書き変えることを拒みました。

ですから、今回、この本を出版してくださったOEJブックスの江谷信壽さんの勇気に心から感謝したいです。江谷さんはまた、後半には編集者としても参加してくださり、前半に編集を援《たす》けてくださった鈴木ようこさんとともに、きわめて大胆でユニークな提案をしてくれましたが、当方の力量不足もあって、お二人のアイディアはフルには実現できませんでした。それから今回もまた美しいデザインで本に付加価値を付けてくれた盟友ジュンに、それぞれ心よりの感謝を述べたいです。ありがとう。

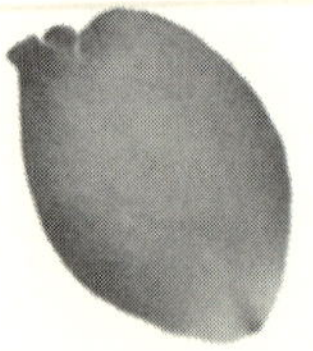

OSHO

OSHO の語った何千もの講話は、個人レベルの問題から今日の社会に直面する最も緊急の社会・政治問題まで様々なジャンルに渡っていて、もはや分類の域を超えています。
毎日語られていた OSHO の即興の講話はオーディオおよびビデオに録られ、何か国もの言語に訳され、世界中の人びとに届けられています。
OSHO は言います。「次のことを覚えておくように。私はあなたについて話しているだけでなく、次の世代のために話しているのだということを。」
OSHO は、ロンドンのサンデー・タイムズ誌において「20 世紀の 1,000 人」のうちの一人として取り上げられています。また、アメリカの著者トム・ロビンズによって「イエス・キリスト以降の最も危険な人物」とも言われています。
インドのサンデー・ミッドデイ誌は、ガンジー、ネルーおよびブッダと共にインドの運命を変えた 10 人のうちの一人として OSHO を選びました。

OSHO は自分のワークに関して、新人類の誕生のための条件を作成していると話しています。
彼はしばしばこの新しい人間を「ゾルバ・ザ・ブッダ」と呼んでいます。ギリシャ人の「その男ゾルバ」のように生を楽しみ、ゴータマ・ブッダのように平穏な静寂を携えた新しい人間です。
OSHO の講話や生み出された瞑想のベースに糸のように張り巡らされているのは、時と年代を超えた永遠の知恵が包含された高い可能性を秘めた、今日のまたはこの先の科学技術です。OSHO の生み出した革新的な瞑想の数々は、加速されたペースで生きる現代人に対する内なる変容の科学として広く知られています。
彼のユニークなアクティブ瞑想は、最初に身体と心に蓄積されたストレスをリリースすることから始まります。。それは、気軽に日常生活の中で静寂と究極のリラックスを体験できるようにさせてくれます。

OSHO に関する詳しい情報は下記をご覧ください
www.osho.com

● OSHO メディテーション・リゾート
www.osho.com/resort

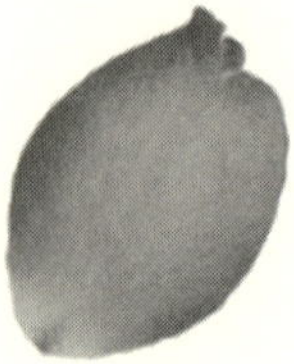

著者紹介

ナルタン nartan（日家ふじ子）

山梨県甲府市生まれ。蟹座。名門英和学院に在学中、高校２年のとき、当時超難関だった米国財団のテストにパスして奨学金を獲得し、ニューヨーク州の高校に留学。帰国後、東京芸術大学建築科に入学。卒業後、東洋都市建築研究所の研究員を経て再び渡米。その後プリストン大学の建築家教授と結婚。のちに離婚するが、その頃OSHOの講話と出会い渡印、弟子となる。

インドにはOSHOの渡米の年まで約８年近く滞在。その後オレゴンのコミューンに３年弱参加。
OSHOが米国を離れたのちは移民としてそのまま米国で居住。現在は日本に帰国している。

主なOSHO講話録の翻訳

「草はひとりでに生える」
「あなたが死ぬまでは」
「マイウェイ」
「虚空の舟」（上・下）
「狂人ノート」
（OEJ BOOKS刊）
「愛の錬金術」（上・下）
（めるくまーる刊）

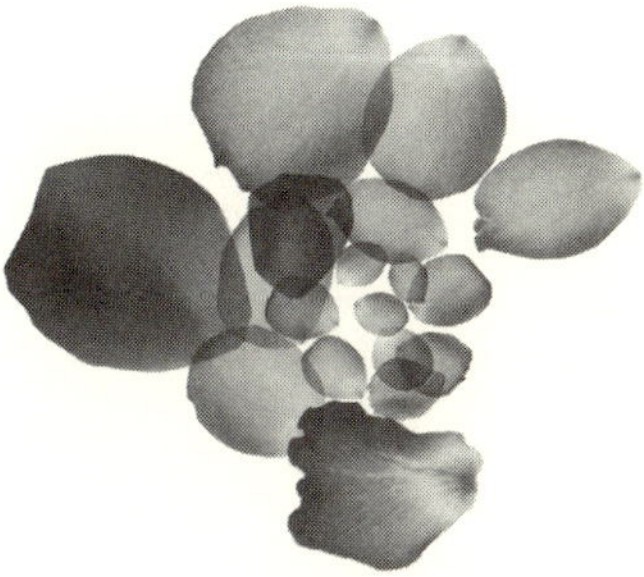

inner labyrinth

自分という名の迷宮

インナー ラビリンス

2016年2月25日　初版第1刷発行

著　者　ナルタン（日家ふじ子）

装　幀　ジュン

発行者　江谷信壽

発行所　OEJ Books 株式会社
248-0014 神奈川県鎌倉市由比ガ浜 3-6-32
TEL：0467-33-5975　FAX：0467-33-5985
URL:www.oejbooks.com
E-mail: info@oejbooks.com

発売所　株式会社 めるくまーる
101-0051 東京都千代田区神田神保町 1-11 信ビル 4F
TEL:03-3518-2003 FAX:03-3518-2004
URL:www.merkmal.biz

印刷・製本　株式会社シナノ パブリッシング プレス

ISBN978-4-8397-0165-9